龚俊恒 / 著

德鲁克的管理金律

北京联合出版公司
Beijing United Publishing Co.,Ltd.

图书在版编目 (CIP) 数据

德鲁克的管理金律 / 龚俊恒著 . -- 北京：北京联
合出版公司 , 2019.7

ISBN 978-7-5596-3286-9

Ⅰ . ①德… Ⅱ . ①龚… Ⅲ . ①德鲁克 (Drucker,
Peter Ferdinand 1909–2005) —管理学 Ⅳ . ① C93

中国版本图书馆 CIP 数据核字（2019）第 104103 号

德鲁克的管理金律

著　者：龚俊恒

责任编辑：龚　将　夏应鹏

封面设计：李艾红

文字编辑：胡宝林

美术编辑：盛小云

插图绘制：圣德文化

北京联合出版公司出版

（北京市西城区德外大街 83 号楼 9 层　100088 ）

北京市松源印刷有限公司印刷　新华书店经销

字数 180 千字　880 毫米 ×1230 毫米　1/32　8 印张

2019 年 7 月第 1 版　2019 年 7 月第 1 次印刷

ISBN 978-7-5596-3286-9

定价：36.00 元

　　彼得·德鲁克是现代管理学界德高望重的一代宗师，被尊称为"现代管理学之父"和"大师中的大师"。他对现代管理学的巨大贡献及其管理思想的实践性和前瞻性为世人所公认，是"有史以来对管理理论贡献最多的大师"。1954 年，德鲁克首次提出了一个具有划时代意义的概念——目标管理，将管理学开创成为一门学科。此后 60 多年的时间里，德鲁克用自己深刻的认知、理性的分析为后人留下了 30 余部管理学专著，数百篇论文和演讲稿。这些作品被传播到 130 多个国家和地区，且极为畅销。

　　2002 年 6 月，德鲁克成为美国当年"总统自由勋章"的获得者。微软总裁比尔·盖茨、通用电气前首席执行官杰克·韦尔奇等人都是他的忠实读者。德鲁克一生以教书、著书、咨询为业，他生活愉悦、阅历丰富，为我们树立了完美人生的典范。然而，他的关于发展和管理的论述，散见于其诸多著作中，长久以来没有人进行专门的研究总结。另外，他的每一部管理著作都有独到之处，让人难以取舍，而且经过翻译之后的作品晦涩难懂，读起来费时费力。鉴于此，我们推出了这本《德鲁克的管理金律》。在这里，德鲁克最深刻的思想被完整、系统地集中在一处。本书撷取了德鲁克毕生作品的精华，为读者提供了了解德鲁克思想的金钥匙。

在保持德鲁克思想体系框架的前提下，书中通过大量发人深思的管理案例，对德鲁克在管理真相、知识管理、创新管理、变革管理、目标管理、创造顾客、自我发展、卓有成效管理者等方面的核心理念进行了全面透彻的解读。

书中每节内容均分为三个部分："管理精粹"用一段话描述德鲁克的一个管理思想——有的是德鲁克的原话，有的是提炼；"精彩阐释"通过具体案例对德鲁克管理思想进行了极为透彻的分析阐述；"实用指南"针对工作生活中的具体问题提出了具体的解决方法。本书不仅是对德鲁克一生著述精髓的回顾，更是一本行动手册，相信读者能从中汲取灵感，从而改善自身的行动及决策。每个人都要懂一些管理思想。通过管理，你将看到自己人生的轨迹从此发生不可思议的转化，而你的生命也可以因此变得不平凡甚至伟大。可见，人人都需了解德鲁克，了解德鲁克的管理精髓，无论你是老板、管理者，还是普通人。老板能够从德鲁克深邃的思想里读懂目标、决策、人事、利润、创新等关乎企业生存的大问题；管理者能够从德鲁克浩如烟海的知识海洋里找到实现卓越管理的方法和工具；普通人则可以根据德鲁克的教诲，轻松应对人际关系、自我控制等关乎职场命运的问题，从而实现职业生涯的完美升级，实现自我成长。

这是一本能够让人全面了解德鲁克管理思想的实用指导书，丰富的内容、新颖的编排方式，非常适合企业管理者和其他想学习德鲁克思想精华的人阅读。读完本书，你不但能明白德鲁克是如何经营完美人生的，而且自己也会以一种全新的方式全面思考生活。

目录
CONTENTS

金律三　企业的成功要靠团队，而不是个人

金律四　赢在未来的远见、洞察力与有效决策

目录

金律七　以目标为导向，以成果为标准

金律八　创新精神是企业的灵魂

目录

金律一

管理者，就要卓有成效

管理不在于"知"而在于"行"

管理精粹

> 管理是一种实践，其本质不在于"知"而在于
> "行"；其验证不在于逻辑，而在于成果；其唯一权威
> 就是成就。
>
> ——《变动中的管理界》 德鲁克

精彩阐释

德鲁克认为，管理水平的高低，将直接影响企业绩效的高低，甚至决定企业的生存和发展。

任何企业目标都不是纸上谈兵，更不是空中楼阁，要想把目标变成现实，唯一的出路就是行动。

有一个年轻人，他对大学制度的弊端已经思考很久了，对此他有很多想法。一天，他终于鼓起勇气，向校长提出若干改进大学制度的建议，结果他的意见没有被校长接受。

于是，他做了一个在当时称得上是令人震惊的决定——自己办一所大学，他要自己来当校长，以消除这些弊端。

当时，办学校至少需要100万美元。这可是一笔不小的数目，上哪儿找这么多钱呢？难道要等到毕业后再挣吗？那实在遥不可及。

年轻人每天都将自己关在寝室里冥思苦想能赚到 100 万美元的各种方法，他坚信自己可以筹到这笔钱。同学们都认为他是白日做梦，不切实际，天上不会掉馅儿饼。

有一天，这个年轻人意识到，不能再停留在思考层面了，长此下去永远也不会有什么结果，于是，他做出一个决定，那就是不再思考，而是立即开始行动。他果断地采用了一些以前想出来的他认为还不错的计划，然后拿起电话给报社拨了过去，说他准备举行一个演讲会，题目是"如果我有 100 万美元"。

他不厌其烦地给无数家报社打电话，一遍遍地讲述自己的想法，但是没有一家报社理他，更多的是对他的取笑，说他"天真、无知"。然而这些丝毫没有打消他的热情和行动。皇天不负有心人，终于，有一家报社的社长被他的诚意和精神打动，告诉他有一场慈善晚会，并允诺在晚会上，留出 15 分钟作为他的发言时间。

那是场盛大的慈善晚会，许多商界人士应邀出席。

机会来了，面对台下诸多成功人士，他毫不怯场，走上讲台，发自内心、饱含真挚地说出了自己的构思和计划。

等他演讲完，一个叫菲利普·亚默的商人站了起来："小伙子，你讲得非常好。我决定投资 100 万，就照你说的办。"

事情马上变得简单，年轻人用这笔钱办了一所自己理想中的大学，起名为亚默理工学院——这就是现在著名的伊利诺伊理工大学的前身，年轻人实现了自己的梦想。

这个将自己想法转化为目标并敢于行动的年轻人，就是后来备受人们爱戴的教育家——冈索勒斯。

冈索勒斯敢想敢干，用行动实现了自己的梦想。这个世界并不缺少理想，而是缺少能把理想转化为行动的人。管理也是如此，如果管理者仅仅对企业的目标高谈阔论，而缺乏实际行动，这样的管理者绝不是一流的管理者，这样的企业也绝不是一流的企业。

之所以会出现一流的企业用三流的员工创造一流的业绩，而三流的企业用一流的人才创造三流的业绩的现象，原因就在于一流的公司能坚持不懈地将目标转化为实际行动，即使在发展壮大、招募新员工，甚至兼并其他公司以后亦能如此。

而三流公司空有许多既聪明又勤奋的优秀人才，却不能将他们的满腹经纶用于经营实践，给公司创造绩效。公司之间出现的这种差距就是行动力的差距。

企业必须行动，行动才能实现管理。遗憾的是，许多管理者宁愿对问题进行反复讨论、界定和分析原因，也不直接去解决它。导致这种情况发生的原因之一，就是将高谈阔论等同于实际行动的倾向。实际上，事情只有付诸实施，而且必须有人去做，才能够完成。

施乐公司曾经在一个名为"质量挂帅"的计划中推行全面质量管理，结果由于撰写和讨论大量书面文件的原因而陷入困境。直到四年之后，实施的情况仍然良莠不齐。

大约有7万名施乐员工接受了为期6天的质量管理培训，然而调查显示，只有13%的员工自称在决策中用到了质量成本方法。尽管施乐尽了最大努力，但是质量观念仍然没有成为该公司的基本经营原则。

企业管理必须产生绩效，而产生绩效的唯一途径就是行动。没有行动力和执行力的企业，任何决策都会"失灵"。所以，德

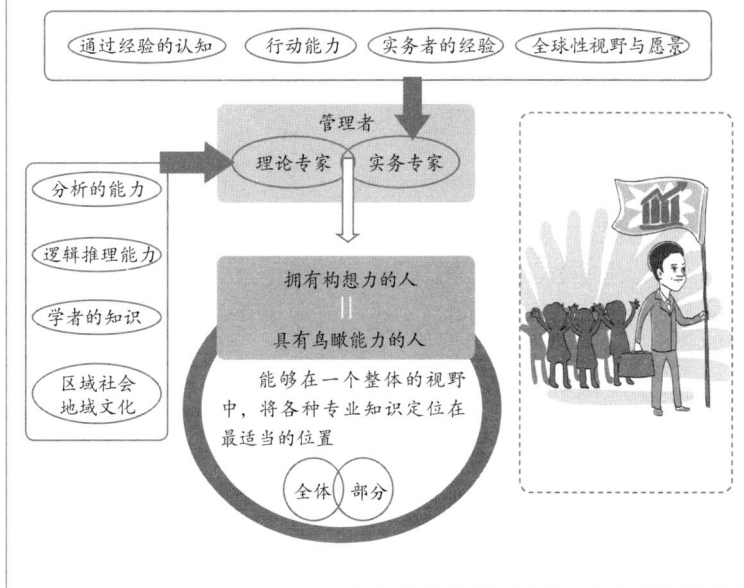

◇ 管理者要兼具理论和实战能力 ◇

通过经验的认知　行动能力　实务者的经验　全球性视野与愿景

管理者
理论专家　实务专家

分析的能力
逻辑推理能力
学者的知识
区域社会
地域文化

拥有构想力的人
＝
具有鸟瞰能力的人

能够在一个整体的视野中，将各种专业知识定位在最适当的位置

全体　部分

鲁克强调，管理就应该重视实践、重视行动、重视绩效。管理者应该做到"知行合一"。

实用指南

作为一名管理者，光有高深的理论是不行的，还需要将这些理论应用于实际工作中，并能够产生积极效果，创造无穷的价值。

管理的三项任务

管理精粹

管理的三项任务：一是使员工工作富有活力并有成就感，二是取得经济成果，三是妥善处理企业对社会的影响和企业承担的社会责任。

——《管理：使命、责任、实务》 德鲁克

精彩阐释

真正成功的企业家，不仅积聚了大量财富，而且建立了一套能长期存在的、深刻的企业理论。德鲁克认为，管理的任务主要有以下三项：

第一，使员工工作富有活力并有成就感。

德鲁克说："企业的资源包括很多，但真正的资源只有一项，就是人力资源。"管理者只有将资金投入人力资源的管理之中，激发员工的想象力与创造力，才能使产出大于投入。

另外，德鲁克认为，要想使下属高效工作，就要满足下属对工作成就感的追求。这是获得卓越管理必须遵守的一条重要法则。一般而言，越是优秀的人越喜欢接受挑战性工作。因此，管理者要善于委派挑战性工作给最优秀的人才，这样做不仅使人才易于获得成就感，也能使管理工作实现真正的高效。

第二，取得经济成果。

企业与其他社会组织的根本区别在于，企业是为了获得经济成果而存在的。企业家的终极使命就是盈利，给员工发不出工资是企业家的耻辱。企业就像是一个大家庭，必须得有钱维持这个家庭的开支，才能维系企业的正常运转。如果没有利润的支撑，一切美好的设想都只是天方夜谭，社会责任也成为空谈。

第三，妥善处理企业对社会的影响和企业承担的责任。

越来越多的实例表明，企业，特别是沃尔玛、星巴克、耐克等知名度较高的跨国企业，它们在品牌建设方面的路径依赖，正在由传统的广告方式转型为履行社会责任的方式，也就是通过积极主动地承担社会责任来再造企业文化，重塑企业形象，并由此打造企业品牌影响力。

沃尔玛曾经主动采取两项举措：

一是为了减少企业二氧化碳排放量，将其庞大的物流车队的效率提高100%。

二是为达成节约利用资源的目标，将其各卖场的能源耗费量减少30%。

沃尔玛这样做的动机很简单，因为有民意调查表明，由于公司以往在资源、环境等社会问题上的立场及做法，已经有8%的买主表示不再光顾沃尔玛。沃尔玛的举措是为了使自身的品牌力量不会因对资源与环境责任的缺失而受到削弱。

任何组织都需要承担社会责任。组织应承担的社会责任可分为两类：一类是组织对社会造成影响的责任，另一类是组织对社会问题的责任。根据这两类不同的社会责任，可以采取不同的措施。组织对社会造成的影响，不管是有意还是无意，都必须负起责任。

◇ 企业最高管理者的任务 ◇

最高管理者是指在最高层指挥和控制组织的一个人或一组人。其最重要的任务就是根据外部市场和顾客需求确定公司的事业及目标，并通过各种措施来创造一个良好的内部环境以实现其目标。

实用指南

管理者要明白，管理的这三项任务没有主次之分，所以，在实际工作中，要一视同仁，不要只顾经济成果而忽视了企业应该承担的社会责任。

管理者要对绩效负责

管理精粹

> 管理者必须对组织的绩效负责，因为这是每个组
> 织赖以生存的基础。
>
> ——《管理：使命、责任、实务》 德鲁克

精彩阐释

德鲁克认为，管理者的责任就在于要利用好组织的思想和资源，争取最大化的成效和贡献。管理者必须掌握组织的行动方向、仔细考虑组织的使命，制定组织的政策，组织好各种资源，最终提高组织的效率。

对于任何一个企业而言，都必须把注意力集中在绩效上，因为结果说明一切、结果决定一切。企业要建立绩效精神。绩效精神的第一要求就是建立高绩效标准。无论是企业还是个人，为达到绩效标准，都必须坚持不懈地努力。为什么通用作为一个"巨无霸"企业，还能辗转腾挪，像小企业一样决策和行动呢？关键就在于通用建立了完善的绩效标准，这一标准激发了组织和个人无穷的创造力。古人云："取法于上，仅得为中。"只有确立高绩效标准，才能实现高成效，才能超越过去、超越现在。

艾维是一位管理咨询专家，1904年，他拜访伯利恒钢铁公司总

裁施瓦布时说："尊敬的施瓦布先生，我有个主意会帮助您提高工作效率，由于今天是我主动上门，因此，你如果觉得有价值再确定给我多少报酬。"

施瓦布说："听起来好像我不吃亏！您的主意是什么？"

"其实很简单，从每天开始，请您按顺序列出今天你必须做的六件最重要的事，然后开始进行一号事情，同时不要考虑其他事情，直到你完成为止，然后你需要重新评估其他五件事以确定重要性是否发生了变化；接着，着手二号事情，完成之后，继续评估……依次进行，如果一天结束时，你没有全部完成六件事，没关系，因为即使采取其他办法，你也无法完成它们，而且你已经做到了最需要你做的事情！即使一天过去了，你连一件事也没有做完，你仍然在做最需要你做的事情。"

施瓦布半信半疑。四个月后，艾维收到了施瓦布寄来的2.5万美元的支票，并且附言："非常感谢您，您的建议是我整个一年里获得的最重要的主意！"

施瓦布之所以主动给艾维支付报酬，是因为艾维的方法迅速提高了他的绩效。管理者通常了解很多提高效率的方法，却很少找到提高绩效的方法。艾维的方法就非常值得学习。这种最优化方法告诉管理者：要实现高绩效，就必须改变工作方法。任何人都明白要做重要的事，更重要的是，你必须确定做最需要你做的事，很多事很重要，但是别人可以替代你，此时你就应该授权予人。高绩效必须最大限度地发挥个人能力，因为卓有成效的管理者，都在做不可替代的工作。

实用指南

需要注意的是，管理者追求高绩效，并不是不重视效率，而是注重结果的同时提高效率。总之，绩效是有效管理的根本，即使最好的战略、最优秀的团队、最完美无缺的计划，如果没有绩效产出，那么一切都是空谈。

卓越是训练出来的

管理精粹

> 卓有成效的管理者有一个共同点，那就是他们在实践中都要经历一些训练，这些训练使他们工作起来卓有成效。
>
> ——《卓有成效的管理者》　德鲁克

精彩阐释

德鲁克认为，成功的管理者有一个共同点，那就是他们在实践中都要经历一些训练，这些训练使他们工作起来卓有成效。

不管他们是在政府机构、企业、医院，还是学校，不管他们是干什么的，这些训练的内容都是一样的。

1988年，24岁的杨元庆进入联想工作，公司给他安排的第一个工作是做销售业务员。

多年以后，杨元庆还记得，他骑着一辆破旧的自行车，穿行在北京的大街小巷推销联想产品时的情景。

虽然刚开始杨元庆并不喜欢做销售工作，但他仍然干得非常认真，并且卓有成效。

正是销售工作的历练，使杨元庆后来能够面对诸多困难。也正是杨元庆敏锐的市场眼光和出色的客户服务，引起了柳传志的注意。

1991年4月，联想集团任命杨元庆为计算机辅助设计（CAD）部总经理。杨元庆在这个位置上不仅创造出了很好的业绩，而且还带出一支十分优秀的营销队伍。

1994年，柳传志任命杨元庆为联想微机事业部的总经理，把从研发到物流的所有权力都交给了他。2001年4月，37岁的杨元庆正式出任联想总裁兼首席执行官。

为了磨一磨杨元庆倔强的脾气，1996年的一个晚上，柳传志在会议室里当着大家的面狠狠地批评了他："不要以为你所得到的一切都是理所当然的，你的舞台是我们顶着巨大的压力给你搭起来的……你不能一股劲只顾往前冲，什么事都来找我柳传志讲公不公平，你不妥协，要我如何做？"柳传志在骂哭杨元庆后的第二天，给杨元庆写了一封信：只有把自己锻炼成火鸡那么大，小鸡才肯承认你比它大。当你真像鸵鸟那么大时，小鸡才会心服。

杨元庆回忆起当时的情景说："如果当初只有我那种年轻气盛的做法，没有柳总的妥协，联想就可能没有今天了。"经过不断的"折腾"，杨元庆最终成了一名经得起任何压力的"铁人"。

由此可见，卓越有时只需要我们在过程中多一点坚持，少一点放弃；多一点磨炼，少一点退缩。

这就好像一只蝴蝶，一个善良的人觉得它在茧中拼命挣扎太过辛苦，出于好心，就用剪刀轻轻地将茧剪开，让它轻易地从里面爬了出来。然而不久以后，它就死了。

蝴蝶在茧中的挣扎是生命中不可缺少的一部分，是为了让身体更强壮、翅膀更有力。

◇ 磨难成就卓越 ◇

俗话说："玉不琢，不成器。"一个人只有经历种种磨炼才能成功。卓越的人的一大优点是：在不利和艰难的遭遇里百折不挠。

1. 平庸者被磨难压垮，卓越者越挫越勇

卓越者之所以卓越，很重要的一个原因就是他们不恐惧磨难，而是越挫越勇，因为他们明白，失败的是某件事情，而不是他这个人。

2. 磨难孕育着新的机遇

磨难里孕育着新的机遇，卓越的人善于利用这个机会，肯于思考，就会获得一种新的发展。

3. 破茧成蝶才能成就卓越

人成长的过程恰似蝴蝶的破茧过程，在痛苦的挣扎中，意志得到磨炼，力量得到加强，心智得到提高，生命在痛苦中得到升华。

如果不经过必要的破茧过程，它就无法适应茧外的环境。

一个人如果不经历必要的磨难，就会很脆弱，没有能力抵抗以后的风风雨雨；一个公司如果不靠自己的力量冲破困境，就不会有长远的发展。

实用指南

对真正的人才来讲，溺爱即摧毁，而折腾恰恰是培养和检验。一个人如果不经历必要的磨难，就会很脆弱，没有能力抵抗以后的风风雨雨。

卓越领导的五项修炼

管理精粹

要想成为卓有成效的管理者，至少需要五种训练。第一，卓有成效的管理者应该知道如何分配时间。他们善于通过对时间的掌握，实现有系统的工作。第二，卓有成效的管理者往往专注于贡献。第三，卓有成效的管理者会使自己的长处得到充分发挥。第四，卓有成效的管理者会锁定少数几个领域，并在这些领域中，用优异的表现带来卓越的成效。第五，卓有成效的管理者会做出最有效的决策。

——《卓有成效的管理者》德鲁克

精彩阐释

德鲁克认为管理者必须会计划时间、简化工作以及授权予人。

时间的价值非比寻常，它与我们的发展和成功关系非常密切。同样的工作时间、同样的工作量，为什么我们不能像别人那样在第一时间完成任务？计划时间，就是要制定目标，使自己明白自己是如何利用时间的。

很多人每天忙得不可开交，他们总是行色匆匆，总是有做不完的工作、开不完的会、吃不完的宴席。为什么会出现这种情况？德鲁克认为，很多人根本没分清楚哪些事情该做、哪些事情不必做、哪些事情纯粹是在浪费时间。所以，作为管理者，必须剔除那些浪费时间的事情，做最有用、最有价值的事。

学会管理自己的时间，必须尽量少做浪费时间的事。任何一个管理者，都没有足够的时间完成他想完成的事情。所以，管理者应该学会授权，让别人去完成一些事情。管理者没必要事必躬亲，只有尽量减少管理，放手让别人干，才是明智之举。管理者既不是神仙，也不是超人，他的精力和能力都是有限的。因而，管理者只能想大局、议大事，而不必事无巨细、事必躬亲，更不必大权独揽。

卓有成效的管理者专注于外在的贡献，他们不在乎实际的个人行为，而是想着怎么去贡献。

爱迪生成名前生活比较贫困。那时候他为了研究做实验，经常穿同一件衣服。一次，他的老朋友在街上遇见他，看见爱迪生还穿着上次见到他时所穿的那件衣服，关心地说："你身上的这件大衣破得不成样了，你应该换一件新的。"

"用得着吗？在纽约没人认识我。"爱迪生毫不在乎地回答。几年过去了，爱迪生成了大发明家。有一天，爱迪生又在纽约街头碰上了那个朋友。"哎呀，"那位朋友惊叫起来，"你怎么还穿这件破大衣呀？这回，你无论如何要换一件新的了！""用得着吗？这儿人人都认识我了。"爱迪生仍然毫不在乎地回答。

爱迪生专注于自己对社会的贡献，而忽视自我的形象和物质需求，这种心态和境界很值得现代人学习。

卓有成效的管理者应尽量发挥自己的长处。天生我材必有用，即使是再愚笨的人，也一定有自己的长处。我们往往羡慕别人的优点，而忽略了自己本身具有的优点和长处。善于发挥自己的特长，是现代人应具有的本领之一。有一句名言是这样说的："生活如一个剧本，重要的不是长度而是精彩度。"尺有所短，寸有所长。人生的诀窍就在于利用自己的长处。

美国著名作家马克·吐温曾经试图成为一名出色的商人。他投资开发打字机，最后赔掉了五万美元，一无所获。马克·吐温看见出版商因为发行他的作品赚了大钱，心里很不服气，于是他开办了一家出版公司。然而，经商与写作毕竟不同，他很快把公司的资金赔光。

经过两次打击，马克·吐温终于认识到自己毫无商业才能，于是断了经商的念头，开始在全国巡回演说。这回，风趣幽默、才思敏捷的马克·吐温完全没有了商场中的狼狈，重新找回了感觉。最终，马克·吐温靠写作与演讲还清了所有债务。

卓有成效的人能够最大化地利用自己的长处和优点，因为唯有利用自己的长处，才能使自己的人生增值；相反，暴露自己的短处会使自己的人生贬值。有一句话说得好："宝贝放错了地方便是废物。"

管理者应该懂得，做出有效的决策对他们有多么重要。

有一次，皮柏陪妈妈去欧洲观光。当轮船航行到新奥尔良时，一位陌生人向他推销咖啡，而且价钱只是平时的一半。很多人犹豫不决，但皮柏只是考虑了一会儿就买下来了。就在他买下不久，巴西咖啡因为受寒而减产，价格一下子就涨到了平时的2~3倍。皮柏大赚了一笔。

管理者的决策就是这样，有效的决策能够使你的团队的效率如同皮柏购买的咖啡一样翻上几倍，否则，团队将因为决策的失误而陷入群龙无首的泥潭之中。

实用指南

管理者想要在管理上卓有成效，就要懂得如何训练自己。德鲁克提出的这五项修炼，便是最好的修炼途径和方法。

树立明确的结果意识

管理精粹

> 有效的管理者并非为工作而工作，而是为成果而工作。
>
> ——《卓有成效的管理者》　德鲁克

精彩阐释

德鲁克认为，卓有成效的管理者一定是为成果而工作的人。他们关注结果，并想尽一切办法去获得好的结果。他们只关心结果，对找借口不感兴趣。他们只在意是否做了正确的事情，而不愿意花费精力和资源去为不能达成积极结果找理由。

有位出租车司机拥有自己的房子，两个孩子皆在大学读书。

一天，一位乘客上了他的车，发觉他心情不佳，于是开口了解其状况，才知道最近他老婆买股票亏了20万。这位乘客听了吓一大跳，以一般开出租车的收入而言，实在很难想象能有此余钱，可以让老婆花20万买股票。乘客好奇地追问："您是如何赚得这么多钱的？"

司机笑笑说："其实很简单，从30年前开始开出租车，我就养成一个习惯，那就是我每天早上八点出门，一定要工作到收入超过300元才回家休息，您知道吗？我每天还来得及看晚上八点的电视节目。因为我知道我必须达到什么结果，所以不会将时间用在与其他朋友闲聊或午休方面，一心只想赚到300元这个结果，所以专注在工作上，效率自然高于一般同行，不仅收入尚可，生活正常，30年来也未曾想过换职业。"

出租车司机每日设定营业额300元以上作为自己必须达到的目标，驱使他工作效率提升。反问自己，你想清楚自己必须达到什么样的结果了吗？只有想清楚自己必须达到什么结果，你才知道自己为何而忙，从而提高工作效率，更完美地完成工作。

心理学家阿德勒认为，特意深植在脑海中并维持不变的"明确的结果"，在下定决心将它予以实现之际，将渗透到整个潜意识，并自动影响到身体的外在行动以促成其实现。

因此，为了在明确的结果下点燃激情，实现自己的潜能，我们应该选择生命中的主要目标，选好之后，把它写下来，放在你每天可以看到的地方。其用意在于，把这个结果深深地印在你的潜意识中，把它当作一种模型或蓝图，让它支配你生活中主要的活动，一步一步地向它迈进。

只要一个人能够妥当地发展他的"明确的主要目标"，那么，在合理的范围之内，没有什么事情是他办不到的——有很多的证据可以支持这种说法。林肯借助这样的方法，跨越了一道巨大的鸿沟，从肯塔基山区的一栋小木屋走出来，最后成为美国总统。西奥多·罗斯福更是借助这一方法使自己成为美国最有作为的总统之一。安德烈·阿加西也是结果意识的最终受益者。

安德烈·阿加西是英国著名的作家和演说家。多年前，他领会了自我暗示方法的功效，立即加以运用。他制订出运用这种方法的一项计划，结果证明极为有效。当时，他既不是作家，也不是演说家。

每天晚上入睡之前，他会闭上眼睛，幻想自己看到了一张长长的会议桌，他（在想象中）安排了一些著名的人物坐在桌旁，而这些人物的个性和优点正是他极力想要模仿的。他把林肯安排在桌子的尽头，然后在桌子两旁分别安排坐了拿破仑、华盛顿、爱默生等伟人。最后，他对这些被他安排在想象中会议桌旁的幻想人物发表谈话，谈话的内容大致如下：

对林肯：我渴望在自己的个性中培养出你所具有的优点——正直、对所有的人充满耐心和幽默。我需要培养这些优点，在我培养出这些优点之前，我不会罢手。

对华盛顿：我渴望在自己的个性中培养出你所具有的独特的优点——强烈的爱国心、自我牺牲的精神，以及卓越的领导才能。

对爱默生：我渴望在自己的个性中培养出你所具有的独特的优点——深邃的穿透力以及用想象解释大自然法则的能力，如同这些自然法则写在石墙上、正在生长的树木上、潺潺流过的小溪里、盛开的花朵上，或是小孩子的脸上。

对拿破仑：我渴望在自己的个性中培养出你所具有的独特优

◇ 何谓结果意识 ◇

所谓结果意识，就是要用结果引导我们设定某项具体工作的目标定位，用结果引导我们完成工作任务，实现工作目标。

1. 结果意识的五层含义

比我的工作时间还长？！

实习
实习

以达到目标为工作原则

以完成结果为最终标准

不因困难而放弃努力

结果面前没有任何理由

只讲功劳，不讲苦劳

2. 任务不等于结果

完成任务是对程序、过程负责

收获结果是对价值、目的负责

完成任务不等于拿到结果

3. 如何培养结果意识

结果

保持一种态度：不到最后不放弃

保持一个行为：言必信、行必果

点——自信能够克服障碍、有战略眼光、从失败中学到教训，以及从失败中发展出力量的能力。

对赫巴特：你能用清晰、简洁而有力的语言表达你自己的观点，我渴望能拥有与你同等的能力，或超过你的这种能力。

一连好几个月，阿加西每天晚上都想象这些人物坐在那张会议桌旁，最后他终于把他们杰出的优点十分清楚地印在自己的潜意识中，并开始形成一种由这些人物个性组成的属于自己的个性。

想清楚自己必须达到什么结果，可以唤醒一个人的潜能。阿加西正是认识到了这一点而走向成功的。在这里，潜意识像一块磁铁，当它使用，并与"明确目标"相互作用之后，它就会吸引住达到这个目标所必备的条件。

实用指南

管理者可以利用心理学上的这种方法，把主要目标深刻在潜意识中，这个方法就是所谓的"自我暗示"。

第一次就把事情做对

管理精粹

许多卓有成效的管理者在个性、能力、工作方式、知识及兴趣上都有天壤之别，但他们的共性是：具有把对的事做好的能力。

——《卓有成效的管理者》　德鲁克

精彩阐释

德鲁克上面这段话中包含了三个最为重要的概念：做正确的事、正确地做事、把事情做好。

"正确地做事"以"做正确的事"为前提，如果没有这样的前提，"正确地做事"将变得毫无意义。"把事情做好"以"正确地做事"为前提，如果不能正确地做事，在处理事务中未能有正确的方法，将不可能获得"把事情做好"这种理想的结果。

每个人都必须明确什么是正确的事。对于企业而言，所要进行的事情必须符合企业的价值观和使命，企业利益必须与公众、社会利益有机统一。企业只有顺应民意、强调社会效益，才能获得持久的经济效益。对于个人而言，所谓正确的事，不仅要符合个人的人生志趣，更要符合社会的价值观和组织的要求、利益。

著名管理学家克劳士比把"第一次就把事情做对"作为自己零缺陷理论的精髓之一。这一观点体现的是一种精益求精的工作态度。通过丰田公司的全面质量管理和准时化生产，人们会惊奇地发现，原来，第一次就把事情做对不仅是可能的，而且是必须的。想想看，整条流水线上，每一个零配件生产出来之后马上就被送去组装，因为没有库存，任何一个环节出了质量问题，都会导致全线停产，所以必须百分之百地"第一次"就把事情做对。

美国市政厅的一份研究报告披露说，仅在华盛顿特区发生的因工作马虎造成的损失，每天至少有100万美元。该城市的一位商人曾抱怨说，他每天必须派遣大量的检查，员去各分公司检查，尽可能地制止各种马虎行为。在许多人眼里有些事情简直是微不足道的，但积少成多、积小成大，一些不值一提的小事会影响他们的工作效率，当然也会影响他们的晋升和事业的发展。

正如德鲁克所言，任何想要有所作为的人，都要选择正确的事情去做，采用正确的做事方式，本着把事情做好的原则，高效率、高质量、有创造性地完成任务。把对的事情做好，这是取得成功的秘诀，也是优秀管理者必备的素质之一。

实用指南

德鲁克认为，我们可以从以下几个方面来锻炼自己把对的事情做好的能力。

第一，善于学习。

学习的方式有很多种，读书是比较常见的一种。通过阅读，丰富学识，本着缺什么补什么的原则，多读书、读好书，学以致用，用以促学。

第二，做事要专注。

面对五彩缤纷的世界，往往应接不暇；面对形形色色的诱惑，往往难以拒绝。总想得到更多，总想收获更丰，到头来无不验证了老子那句名言："五色令人目盲，五音令人耳聋，五味令人口爽。"我们只有学会排除干扰、拒绝诱惑，真正静下心来专注地做一件事，成功才会离我们越来越近。

第三，有所为有所不为。

这需要做出选择和取舍。阿西莫夫是一位科学知识普及者，同时也是一位自然科学爱好者，但他在自然科学研究上迟迟没有可以拿出手的成绩。一天，他在打字机前打字的时候，突然意识到："我不能成为第一流的科学家，也许能成为第一流的科普作家。"于是，他把全部的精力都放在科普创作上，终于成为著名的科普作家。

因此，要想成功，必须有所取舍，这样才能将有限的精力全部投入自己选择的事情上，才能获得成功。

要事第一，不值得的事情不要做

管理精粹

> 对于管理者而言，最困难的决定是确定哪些事情暂时可以不处理。
>
> ——《成果管理》 德鲁克

精彩阐释

德鲁克认为，集中精力在最重要的事情上，是很多成功人士所奉行的重要原则，同时，也是我们高效完成工作的一个重要前提。

遍布全美的都市服务公司创始人亨利·杜赫提说过，人有两种能力是千金难求的无价之宝——一是思考能力，二是分清事情的轻重缓急并妥当处理的能力。

白手起家的查理德·洛曼经过12年的努力，被提升为派索公司总裁，年薪10万，另有上百万其他收入。他把成功归功于杜赫提谈到的两种能力。查理德·洛曼说："就记忆所及，我每天早晨5点起床，因为这个时候我的思考力最好。我计划当天要做的事，并按事情的轻重缓急做好安排。"弗兰克·贝格特是全美最成功的保险推销员之一，每天早晨还不到5点钟，便把当天要做的事安排好了——是在前一个晚上预备的——他定下每天要做的保险数额，如果没有完成，便加到第二天的数额上，以后依此推算。

长期的经验告诉我们，没有人能永远按照事情的轻重程度去做事。但是你要知道，按部就班地做事，总比想到什么就做什么好得多。

著名的效率管理专家博恩·崔西在某大学的一次演讲中，拿出了一只广口瓶放在桌上。随后，他取出一堆小石块，把它们一块块地放进瓶子里，直到石块高出瓶口再也放不下为止。

博恩·崔西问：“瓶子满了吗？”

所有的学生应道：“满了。”

博恩·崔西反问：“真的满了？”说着他从桌下取出一桶砾石，倒了一些进去，并敲击玻璃壁使砾石填满石块间的间隙。

“现在瓶子满了吗？”

这一次学生有些明白了，“可能还没有。”一位学生低声应道。

“很好！”

博恩·崔西于是从桌下又拿出一桶沙子，把它慢慢倒进玻璃瓶。沙子填满了石块的所有间隙。他又一次问学生：“瓶子满了吗？”

“没满！”学生们大声说。

然后博恩·崔西拿过一壶水倒进玻璃瓶，直到水面与瓶口齐平。他望着学生，“这个例子说明了什么？”

一个学生举手发言：“它告诉我们：无论你的时间表多么紧凑，如果你真的再加把劲，你还可以干更多的事！”

“不，这还不是它真正的寓意所在，”博恩·崔西说，“这个例子告诉我们，如果你不先把大石块放进瓶子里，那么你就再也无法把它们放进去了。”

“大石块”是一个形象逼真的比喻，它就像我们工作中遇到的事情一样，这些事情中有的非常重要，有的可做可不做。如果我们分不清事情的轻重缓急，把精力分散在微不足道的事情上，那么重要的工作就很难完成。

作为公司的管理人员，要想提高工作效率，就要将你手头的工作排个序，轻重缓急做到心中有数，把最要紧的事放在第一位，把要紧的事情做好，才能做其他的事情。

做任何事情都要有计划，要分清轻重缓急，然后全力以赴地行动，这样才能获得成功。那么，如何确定优先次序呢？德鲁克提出了四个确定优先次序的重要原则：一、重将来而不重过去；二、重视机会，不能只看到困难；三、选择自己的方向，而不是盲从；四、目标要高，要有新意，不能只求安全和方便。

分类并排序后，才能从众多工作中提出重点，以要事优先的原则处理事务，才能达到管理上的高效，之后才能促进整个企业的高效运转。

实用指南

我们在工作中应如何提高自己的工作效能，做到要事第一呢？

一、明确公司的目标

要做到要事第一，我们首先要明确公司的发展目标，站在全局的高度思考问题，这样可避免重复作业，减少出错的机会。

二、找出"正确的事"

要实现要事第一，第二个关键就是要根据公司发展目标找出"正确的事"。

三、过滤"次要信息"

高效能人士应当学会有效过滤次要信息，让自己的注意力集中在最重要的信息上。

四、保持高度责任感

一名高效能人士在工作中要时刻保持高度的责任感，自觉

◇ 把时间交给重要的事情 ◇

1. 艾森豪威尔法则

艾森豪威尔法则也叫十字法则，即画一个十字，分成四个象限，分别是重要紧急的、重要不紧急的、不重要紧急的、不重要不紧急的，把自己要做的事都放进去，然后先做重要紧急那一象限中的事，这样一来，工作生活效率会大大提高。

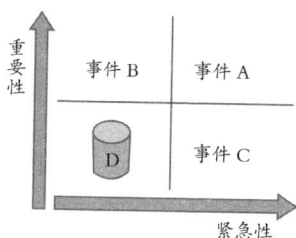

重要性

事件 B　　事件 A

D　　事件 C

紧急性

A：重要紧急的事
妥善安排，立即处理，降低出现频率

B：重要不紧急的事
立即处理，主动计划，用最多的时间处理

C：不重要紧急的事
委托他人处理，尽量减少此类事，耗费最少的时间

D：不重要不紧急的事
彻底消除

2. 高效能人士的时间分配

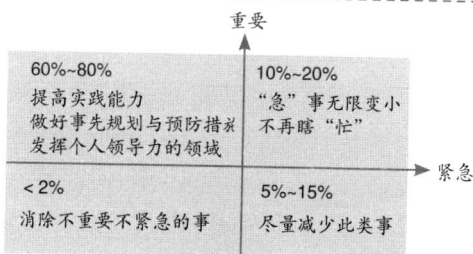

重要

60%~80%
提高实践能力
做好事先规划与预防措施
发挥个人领导力的领域

10%~20%
"急"事无限变小
不再瞎"忙"

紧急

< 2%
消除不重要不紧急的事

5%~15%
尽量减少此类事

地把自己的工作和公司的目标结合起来，对公司负责，也对自己负责。最后，发挥自己的主动性、能动性，推进公司发展目标的实现。

五、使用"优先表"

一个人在工作中常常难免被各种琐事、杂事所纠缠。为此，每个人都应该有一个自己处理事情的优先表，列出自己一周之内急需解决的一些问题，并且根据优先表排出相应的工作日程，使自己的工作能够稳步高效地进行。

六、学会说"不"

一名高效能人士要学会拒绝，不让额外的要求扰乱自己的工作进度。

七、沟通增效

沟通在提高工作效率中有着十分重要的作用，如果你的工作中出现了这种情况，你千万不可保持沉默，而应该主动沟通，清楚地向老板说明你的工作安排，主动提醒老板排定事情的优先级，并认真聆听老板的意见，这样可大幅减轻你的工作负担。

立即停止毫无成果的工作

管理精粹

"这件事如果不做，会有什么后果？"如果答案是完全没有影响，那我们就不该再做这件事。

——《卓有成效的管理者》 德鲁克

精彩阐释

德鲁克认为，"没有比保持尸体不腐烂更困难、更昂贵而又徒劳无功的事情了"。这句话意味着管理者要根据成本理念，抛弃那些不创造价值的活动，抛弃那些"行将就木"的过去，将更多的精力集中到未来更有价值的活动中去。

第二次世界大战结束不久，松下幸之助接手了一家面临倒闭的缝纫机公司。当时，他有信心让公司起死回生，但由于他不擅长此方面的业务，加之竞争对手强劲，自感无力抗争，很快便撤了回来。当然，费了一番功夫以后退出来，财力、物力、人力都会有些损失，但总比继续毫无希望地撑下去划算。

1964年10月，松下幸之助分析了方方面面的情况后，决定停止大型电子计算机的开发生产。在这之前，松下电器公司的通信部已经为此项工作付出了巨大的人力、物力和财力，并且已经试制成功了该项产品。但是，大型计算机的市场前景不容乐观，需求量极少。鉴于这种情况，松下幸之助决定放弃这个项目。

该决议一经发布，顿时舆论哗然，来自内部、外部的不同意见此起彼伏，不绝于耳。大家一致认为，花费五年时间、耗资巨大的项目就此放弃，得不偿失。要放弃，日本国内七家生产厂家中的另外六家也可以放弃，何必是松下电器公司首先放弃呢？

而来自外部的舆论更有许多猜测，有人认为松下电器公司要么是因为技术跟不上，要么是因为财政赤字才放弃这个项目的。就连一些久经沙场的高级职员，对松下幸之助的决议也持怀疑态度。

当时，松下幸之助面临众多的困扰和烦恼，但他顶住各方面的压力，毅然停止了这个没有前途的项目，把人力、物力、财力用到其他方面。后来的事实证明，松下幸之助的这个决策是正确的。

为什么松下电器公司对已花费五年时间、投入了巨额资金进行开发、眼看就要有收获的项目，偏偏放弃了呢?

原来，松下幸之助发现，电脑市场的竞争日趋白热化，仅在日本就有富士通、日立等公司在做最后的冲刺，如果此时松下电器再加入，也许会生存下来，但也有可能导致全军覆没，这就等于拿整个公司做赌注。

所以，面对这样的市场形势，他毅然做出退出大型计算机市场的决策，这是在清醒冷静思考后的勇敢大撤退。正是因为这次大撤退，松下公司在其他领域获得了更快更好的发展。

实用指南

瑞士军事理论家菲米尼有一句名言:"一次良好的撤退，应与一次伟大的胜利一样受到奖赏。"不成功绝不罢休固然是真理，但敢于放弃才是最伟大的。在管理中经常会遇到要决定一种产品是否该经营的问题，是进是退，是放弃还是坚持，关键在于分析当时的形势，很多时候，退出能使企业得到更好的发展。管理者要常问:这件事还有做下去的价值吗?

金律二

世界上没有理想化的组织模式

个人与组织之间是互利互惠的

管理精粹

个人发展得越好，组织也会取得更多成就，反之亦然。

——《未来的里程碑》 德鲁克

精彩阐释

德鲁克强调，个人和组织之间是互惠互利的关系。我们既要看到前者对后者的贡献，更要重视后者对前者的培养，个人与组织之间就像鱼与水一样，相互给予，不可分离。

美国石油大王保罗·盖蒂通过其一生的经营生涯，对用人总结出四种类型的评价和对策。他把自己手下的员工大致分为四个类型：

第一类，不愿受雇于人，宁愿冒风险创业，自己当老板，因此他们在当雇员时，表现很出色，为日后自我发展积蓄力量。

第二类，虽然他们充满了创意和干劲，但不愿自己创业当老板。他们较喜欢为别人工作，宁愿从自己出色的表现中，分享到所创造的利润。一流的推销员与企业的高级干部均属这类人员。

第三类，不喜欢冒风险，对老板忠心耿耿，认真可靠，满足于薪水生活。他们在稳定的收入之下，表现良好，但缺乏前两类人的冒险、进取与独立工作的精神。

第四类，他们对公司的盈亏漠不关心，他们的态度是做一天和尚撞一天钟，凡事凑合过得去就行了，反正他们关心的只有一件事，那就是按时领到薪水。

保罗·盖蒂认为，第一类员工的才干是突出的，若用其所长，避其所短，可以为企业发挥重大作用。

第二类员工是保罗·盖蒂企业的中流砥柱，他以各种办法激励他们努力为本企业效劳，让他们建立牢固的企业归属感。

保罗·盖蒂对待第三类员工也十分珍惜爱护，把他们安排在各级部门当副手，逐步提高他们的生活待遇，想方设法稳住这支基本队伍。

对于第四类员工，保罗·盖蒂要求各级管理人员对他们严加管理，促使他们端正态度，为企业发展多出力。

由此可见，组织才是你实现人生价值的地方。如果只是把公司当成"混日子"的地方，做一天和尚撞一天钟，心里只盘算自己的个人利益，势必会与公司总体发展、长远发展的目标相抵触，有时甚至会阻碍公司向前发展的脚步。

实用指南

只有把员工的切身利益与企业发展的整体利益相挂钩，才能避免出现员工对企业整体利益漠不关心的心理状态。

建立与此相应的奖惩机制，企业发展好了，人人都有益处；企业发展得不好，人人都受损失。这样形成员工与企业共存共荣的局面，才能从根本上解决个人利益与整体利益相脱钩的状态。

组织中不断衍生的是无序、纷争与绩效失灵

管理精粹

　　组织化的机构是必要的。

　　　　　　　　——《21 世纪的管理挑战》　德鲁克

精彩阐释

　　德鲁克说："组织中不断衍生的是无序、纷争与绩效失灵。"因此，他认为，组织化的机构是必要的。德鲁克认为，在现代企业管理中，无论你个人能力有多强，组织设计不当必将导致失败。但是，如果你有运筹帷幄的组织能力，你完全可以治众如治寡，气定神闲而决胜千里。

　　所以，千万不要忽视组织的力量。

　　许多组织中，权力高度集中于最高管理者手中。最高管理者奉行非正式控制原则，管理主要依靠最高管理者的个人直觉、经验和个性，没有正式的程序和规则，任人唯亲。

　　家长制统辖官僚制就是非正式控制原则统辖正式控制原则，非正式规则取缔正式规则，组织中的高层只有一人。其结果导致管理呈现出集权化、内向化特点，上层组织集决策权、指挥权、监督权于一身，管理随意度大；中层管理部门则由于处于组织结构的核心位置，相应承担更多的职能而内向化，只注意完善本部

◇ 创建高效组织的核心原理 ◇

高效组织的创建需要按照一定的创建程序进行，但是所有创建程序都必须
依照一定的原理进行设定。

创建高效团队的核心原理

高效的沟通
——团队内信息沟通，必须高效准确。

明确的目标
——团队行动的方向，必须清晰明确。

明确的目标

高效的沟通　　有效的执行　　合理的架构

井然的秩序

合理的架构
——团队的结构，必须利于目标的达成。

井然的秩序
——保障团队正常运行的各种机制，必须健全。

有效的执行
——团队的目标、任务，必须有效执行，达成结果。

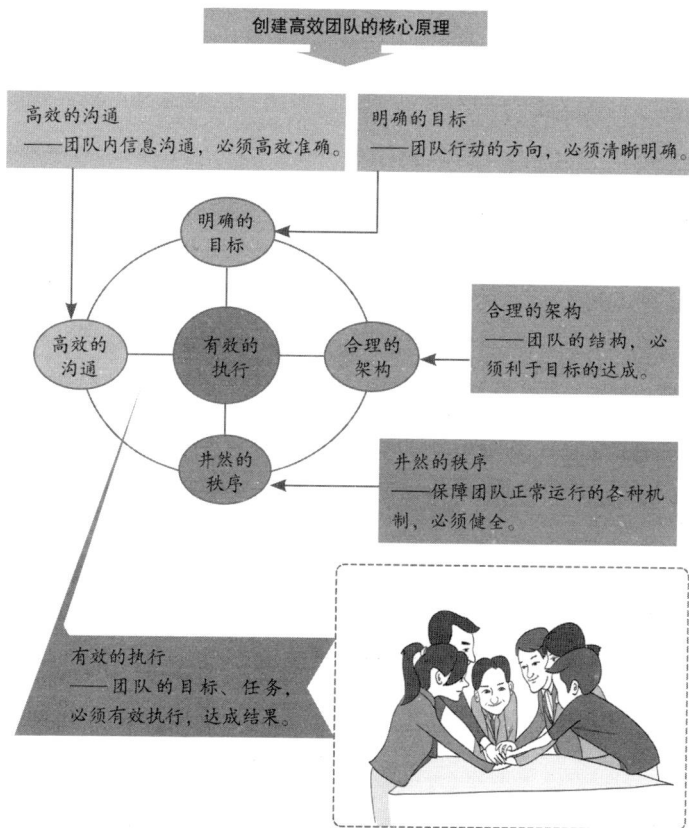

高效组织的创建是一个系统工程，它是建立在所有环节都达到目标要求的基础之上的。

门分内的运作，画地为牢，强调的只是自身利益。

由于追求管理分工，导致机构、人员膨胀，延长了信息沟通渠道的长度，信息失真，纵向管理梗阻，从而使决策的及时性、准确性受到影响。而基层成员则如齿轮和螺丝，个个都显得忧郁、灰暗，屈从于规章制度与指令，创新思想和生机被埋没，组织也因此愈显封闭与落后。在现代经济条件下，我们必须推动组织再造，健全控制体系，明确执行控制职能的主体。

为了便于科学用权，必须做好控制工作，典型控制组织应与重要的行政部门或管理部门平行。

最高控制组织与下属控制组织、综合专职的控制组织与其他控制组织，在职位上要进行分离，权责上要进行划分。

控制组织权责代表的范围与作业程序，应有翔实的文字记录；综合专职的控制组织应有合理的编制与作业制度。良好的组织必有一个严格的监督部门。监督部门必须独立，即监督部门和执行部门必须分开设置，不能合并为一个机构；在隶属关系上，这两种部门不能由同一名主管人员来管理，特别是不能由执行部门的负责人来管理监督部门或人员。

实用指南

建立组织化的机构，就是要在一定范围内创造并控制权力。有效的控制，就是推动下属和组织高效地去实现组织目标。架构组织要从实际出发，多方权衡，既要实现控制职能，又要防止包办代替，从而稳定组织激励下属，提升组织整体的管理效能。

任何组织都不能完全消除冲突

管理精粹

> 没有任何一种组织结构是完美无缺的，任何组织
> 都难免有冲突、矛盾和混乱。
>
> ——《管理：使命、责任、实务》　德鲁克

精彩阐释

德鲁克认为，任何组织结构都无法避免团队内部的摩擦。每个团队成员都有自己独特的个性，因此冲突难以避免。

在传统意义上，冲突被认为是造成和导致不安、紧张、不和、动荡、混乱乃至分裂瓦解的重要原因之一。冲突破坏组织的和谐与稳定，造成矛盾和误解。其实，冲突有时候可能比一致更可靠。

因为有冲突就有异议，有异议才有机会改进和完善。试想，在一个组织里，听不到不同的声音，团队如何进步和成长？因此，可以这样说，没有冲突的组织是没有活力的组织。

对于一个领导者来讲，在组织内部没有任何冲突并不一定是件好事，因为冲突存在是正常的，在多数情况下，冲突可能比一致更可靠，关键是如何解决冲突。

通用汽车公司发展史上有两位重要人物，由于他们对冲突和矛盾所持的不同看法和做法，给通用公司的发展带来了不同的重

大影响。

第一位是威廉·杜兰特，他在做出重大决策时大致上用的是"一人决定"的方式，他喜欢那些同意他观点的人，而且可能永远不会宽恕当众顶撞他的人。结果是，在他的领导下，由一些中层管理人员参加讨论的任何一项决策都没有遇到一个反对者，但这种"一致"的局面也仅仅维持了4年。4年之后，通用汽车公司就出现了危机，杜兰特也不得不离开公司。

另一位是艾尔弗雷德·斯隆，他是迄今为止通用汽车公司享有最高声望的领导者，被誉为"组织天才"。

他先是杜兰特的助手，在杜兰特之后成为继任者。他目睹了杜兰特所犯的错误，同时他也几乎修正了这些错误。他认为没有一贯正确的人。

他在做出决策之前，都必须向别人征求意见，并且会在各种具体问题产生时阐明自己的观点，但他也鼓励争论和发表不同的观点。在那些负责执行决定的人接受基本概念之前，他并不急于做出最后决定。

这个案例告诉我们，面对冲突以及冲突产生采取的不同态度，会直接影响事业的成败。杜兰特和斯隆对组织冲突所采取的不同的领导或协调手段，直接导致了对其终极目标的影响。

既然冲突是不可避免的，是任何组织或个人获得事业成功所必须面对的，那么，作为领导者要正确认识，并敢于直面冲突和矛盾。

第一，正确看待矛盾和冲突。

随着时代的变迁和管理学的不断发展，人们对冲突的看法也在不断地变化。有些冲突对组织成员和组织目标的达成是有害的，

◇ 正确认识组织冲突 ◇

　　组织冲突是指组织内部成员之间、成员个人与组织之间、组织中不同团体之间，由于利益上的矛盾或认识上的不一致而造成的彼此抵触、争执或攻击的组织行为，是一个从知觉到情绪，再到行为的心理演变过程。

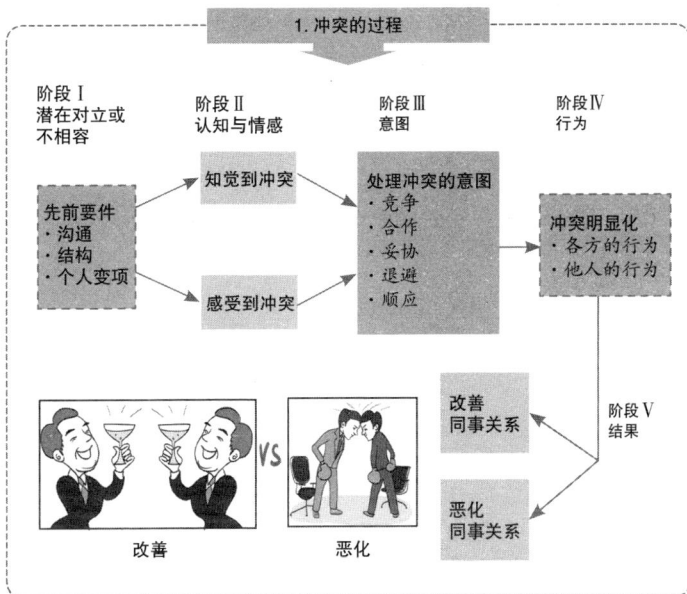

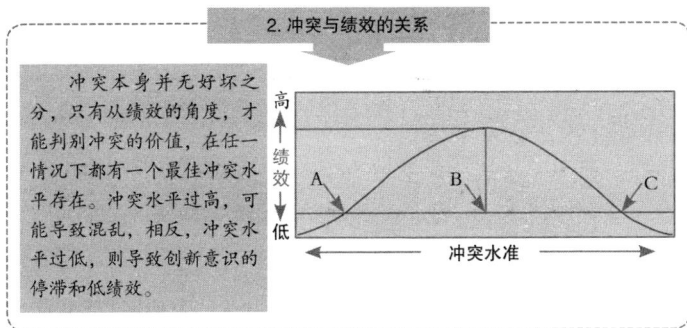

1. 冲突的过程

阶段 I
潜在对立或
不相容

阶段 II
认知与情感

阶段 III
意图

阶段 IV
行为

先前要件
· 沟通
· 结构
· 个人变项

知觉到冲突

感受到冲突

处理冲突的意图
· 竞争
· 合作
· 妥协
· 退避
· 顺应

冲突明显化
· 各方的行为
· 他人的行为

改善
同事关系

恶化
同事关系

阶段 V
结果

改善　　VS　　恶化

2. 冲突与绩效的关系

　　冲突本身并无好坏之分，只有从绩效的角度，才能判别冲突的价值，在任一情况下都有一个最佳冲突水平存在。冲突水平过高，可能导致混乱，相反，冲突水平过低，则导致创新意识的停滞和低绩效。

高
绩效
低

A　　B　　C

冲突水准

但另外一些冲突是有利的。

从心理学角度来讲，冲突是指两种目标之间的互不相容或相互排斥、相互对立。冲突表现为由于观点、需要、欲望、利益或要求的不相容而引起的一种激烈争斗。

因此领导者要尽可能地控制冲突发展，并化解冲突。最主要的是，冲突本身并不危险，危险的是处理不当。管理者既要洞察冲突发生的可能性，尽量缓和与避免冲突的发生，又要正确地对待已经发生的冲突，科学合理地加以解决，使冲突向好的方面转化。

第二，直面矛盾和冲突。

美国西点军校编写的《军事领导艺术》一书，对冲突的积极作用进行了探讨并指出，群体间的冲突可以为变革提供激励因素。

当工作进行得很顺利、群体间没有冲突时，群体可能不会进行提高素质的自我分析与评价。

相反，群体可能变成死水一潭，无法发掘其潜力。通过变革促进成长与发展，群众间存在冲突会刺激组织在工作中的兴趣与好奇心，这样反而增加了观点的多样化，以便相互弥补，同时提高了紧迫感。

实用指南

任何一个人的认识能力都是有限的，一个人的意见不可能永远正确。而冲突和矛盾正是弥补这一不足的最佳方案，只要协调合理、沟通及时，冲突就会成为成功的铺垫和基础。

信息化组织必须建立在责任的基础上

管理精粹

　　信息化组织要求领导层既能尊重绩效，又有不断
提升的责任感。

——《管理前沿》　德鲁克

精彩阐释

　　德鲁克认为，在传统社会里，组织是建立在权威的基础上的，而信息化组织则建立在责任的基础之上。在信息化组织中，要实现组织的正常运转，就要确保员工和部门能切实负起责任。

　　有一位青年在美国某石油公司工作，他所做的工作就是巡视并确认石油罐盖有没有自动焊接好。石油罐在输送带上移动至旋转台上，焊接剂便自动滴下，沿着盖子回转一周，这样的焊接技术耗费的焊接剂很多，公司一直想改造，但又觉得太困难，试过几次也就算了。这位青年并不认为真的找不到改进的办法，他每天观察罐子的旋转，并思考改进的办法。

　　经过观察，他发现每次焊接剂滴落39滴，焊接工作便结束了。他突然想谴：如果将焊接剂减少一两滴，是不是能节省点成本？于是，经过一番研究，他终于研制出37滴型焊接机。但是，利用这种机器焊接出来的石油罐偶尔会漏油，并不理想。他不灰心，又

寻找新的办法，后来研制出38滴型焊接机。这次改造非常完美，公司对他的评价很高，不久便生产出这种机器，改用新的焊接方式。也许你会说：节省一滴焊接剂有什么了不起？但这"一滴"给公司带来了每年5亿美元的利润。

这位青年，就是后来掌握全美石油业95%实权的石油大王——约翰·戴维森·洛克菲勒。

如果洛克菲勒没有将为公司节省成本当成自己的责任，只是像一名普通员工每天重复自己的工作，最后的结果可想而知，他不可能拥有创造价值的机会。

所以，要想在自己的工作岗位上创造价值，要想在自己的人生中创造价值，那么就必须承担责任！只要员工有责任感，就会产生巨大的生产力；而忽视自己的责任，必会对企业生产造成负面影响。

某家电制造有限责任公司发生了一起管理"事故"：5号车间有一台机器出了故障。技术科的工作人员经过检查，发现原来是一个配套的螺丝掉了，怎么找也找不到，于是，只好重新去买。可是根据公司内部规定，必须先由技术工作人员填写采购申请，然后由上级审批，之后再经过采购部部长审批，才能由采购员去采购。

可是，问题又出现了。市内好几家五金商店都没有那种螺丝，采购员又跑了几家著名的商场，也没有买到。

几天很快就过去了，采购员还在寻找那种螺丝，工厂却因为机器不能运转而停产。于是，公司的其他管理者不得不介入此事，认真了解事故的前因后果，并且想方设法地寻找修复的方法。

在这种"全民总动员"的情况下，技术科才拿出机器生产商的电话号码。于是，采购员就打电话问哪里有那种螺丝卖。对方告诉他：你们那个城市就有我们的分公司。你去那里看看，肯定有。

半个小时后，那家分公司就派人送货上门了。问题就此解决。可是之前寻找螺丝就用了一个星期，而这一个星期，公司损失了数十万元。

采购部部长后来总结说："从这次事故中，我们很容易就能看出，公司某些工作人员的责任心不强。从技术科提交采购申请，再经过各级审批，到最后采购员采购，这一切都没有错误，都符合公司要求，结果却造成这么大的损失，问题出在哪里？竟然是因为技术科的工作人员没有写上机器生产商的联系方式，而其他各部门竟然也没有人问。"

这是一个因员工责任心缺失而给企业造成巨大损失的典型案例。如果这个工厂的员工都多一点责任心，相信这个问题在很短的时间内就能得到解决，绝不会对企业的生产造成很大影响。员工责任心强的企业必会取得更大的经济效益，取得更长远的发展。员工责任心弱的企业必定会遭受严重的经济损失，其在发展过程中必定会受挫。

英国著名作家萨克雷曾经说过："生活是一面镜子，你对它笑，它就对你笑；你对它哭，它也就对你哭。"

这句话蕴含了丰富的人生哲理，如果将其中的意义推广到责任与价值上，我们可以这样理解：如果你能够承担责任，一步一个脚印地对待自己的工作，那么公司必将给予你实实在在的回报；如果你敷衍工作、消极怠工、试图逃避责任，那么到头来只能是一场空，而且你永远都不会拥有令你骄傲的事业，永远也不会创造令他人羡慕的价值。

实用指南

责任保证了一个企业的竞争力，在激烈的市场竞争中，任何一家想以竞争取胜的公司都必须设法使每个员工具有责任感。

没有责任感，企业就无法为顾客提供高质量的服务，就难以生产出高质量的产品，企业也就无法在这个竞争激烈的社会上立足。

家族企业的管理规则

管理精粹

> 在管理上，家族企业有其独特的、严格遵守的管理规则。
>
> ——《变动中的管理界》 德鲁克

精彩阐释

家族企业在发展之初，企业往往把最困难的部分忽略，留到以后解决，而直接进入快车道。随着资产的快速膨胀，个人的欲望也急剧膨胀，体制和制度的牌终于被摊出来，成为不得不解决的问题。这时，高速行驶必须急刹车，为解决或暂时缓解这些问题提供时间，避免车毁人亡。

家族企业转型，必须分清几种情况。

第一种情况是企业发展到一定规模，家族成员的管理能力不能满足企业发展的需要，要求突破家族管理模式，让非家族成员入股，分享所有权和经营控制权。

第二种情况是企业发展到一定规模，家族成员的管理能力不能满足企业发展的需要，要求吸收专业管理人才从事专业化的、职业化的经营管理，如担任总经理等，但创业者在重大决策中有最终的决策权，这是局部走出家族制。

第三种情况是企业发展到一定规模，家族资本不能满足企业扩张的需要，要求有效融合社会资本，突破家族制管理模式，与非家族成员共享企业的所有权和经营控制权，完成从家族企业向现代企业的变革。

因此，并不是所有的企业都要走出家族制，只是部分私营企业需要走出家族制。

温州的正泰集团原是一家典型的家族企业，在向现代企业制度转型的过程中，正泰集团的掌门人南存辉采用了渐进的股权稀释方法，使企业的制度转型在平稳中进行。

南存辉认为，家族企业有其缺陷，但也有天然的优势。"为非家族而非家族"的改造，企图一步到位的激进做法，往往会使情况更糟。南存辉也一直想交权，曾请过一个美国名牌大学工商管理硕士毕业的人当副总，后来又让他当了一阵总经理，但最终还是解除了他的职务。

在温州，无论是政府推动还是企业自主行为，勉强改造家族企业往往以失败告终。曾有四家大型家族企业基于自身发展需要，力图改变家族管理，但因方法较激进，最终全部失败。其中一家实行法人代表轮流做，企业因控制权问题失去大好发展时机；一家想一举撤掉家族制，引起股东集体跳槽，企业资金被抽空；一家请来了外面的职业经理，由于家族阻碍，职业经理无法贯彻经营理念，最后也离开了。

因此，南存辉虽不彻底，但富有实效的后家族化，就具有了典型价值。1991年，南存辉手中有了100万元人民币资产，他从开店办厂的家族成员中招进9人入股，形成以家族成员为核心的企业管理层。这个所有者、经营者、打工者三位一体的、不用付工资（年终按股分红）的家族团队，不仅拥有一定的生产、管理能力与资本，更主要的是"人和"，使企业的起步平稳有力。

南存辉用来招股的100万股金，因为家族资金的流入，股权一下从100%降到40%。这时的正泰，不仅是合资企业，更是不折不扣的家族企业，因为"外资"也来自"家族"成员。用家族资本稀释自己，这是南存辉"温和革命"的第一步。

紧接着，南存辉开始用社会资本"稀释"家族股权。在正泰成为温州首屈一指的知名企业后，正泰的品牌效应出来了。许多企业看中正泰品牌，希望加盟。先后有38家企业进来，全部成为正泰私人股东，而南存辉的个人股权也被稀释到不足30%。

如果只有上述两项，那南存辉的行动并没有什么典型价值。虽然股权几度稀释，但仍然只是在资金上做文章，技术、管理的"资本化"才是南氏"革命"的亮点所在。

南存辉在集团内推行股权配送制度，他拿出正泰集团的优质资产配送给企业最为优秀的人才。这就是正泰的"要素入股"——管理入股、技术入股、经营入股。股东一下子扩大到110多人，南存辉的个人股权再度被稀释。

引入家族资本稀释自己股权，引入社会资本稀释家族股权，社会资本（原先的多级法人）成为股东后并不一定有管理权，企业所有权与经营权适度分离：不管你是多大的股东，如果经过考核能力不行，就让出经营权；反之，不管是不是股东，有能力就

◇ 家族企业必须遵守的三条原则 ◇

德鲁克认为，"家族企业"的关键词是"企业"，而不是"家族"。因此，"家族企业"要想永续发展，必须遵循以下三条原则：

> 爸，我大学都毕业了，您怎么不让我在自己家的公司做管理？

> 为了你的未来发展，我觉得你应该先到外面闯荡闯荡。

1.尽量不要让家庭成员在企业里工作，除非他比其他员工更出色。

2.在家族企业里，越是关键的位置越要安排家族以外的工作人员。不管是生产、销售、财务还是人事管理方面，最好不要让家庭成员担任，即使他非常能干。

> 财务还是需要专业的人来做合适，你把后勤管好就行了。

> 老公，你把我调到财务部吧，外人管钱多不放心。

外聘的财务总监

家族企业

3.不管公司管理层有多少出色的家族成员，必须有一个高层职位由非家族成员担任，比如，研发部主管或财务主管（这两个位置的专业要求都是比较高的）。

德鲁克告诉我们，以上三条原则是必须遵守的。只有大胆地引入职业经理人，建立完善的管理制度，家族企业才能永续发展。

有位置。就这样，正泰成功地从一家传统的家族企业转型为一个现代的"企业家族"。

私营企业要走出家族制，必须在以下几个方面进行创新。

第一，优化产权结构，淡化家族色彩。

一方面，随着企业的成长和壮大，家族资本不能满足企业扩展的需要，要求有效融合社会资本，这就需要变革产权结构，使产权结构从一元化向多元化发展。另一方面，企业规模的扩大和技术水平的提高，管理和技术人员的作用日益突出，企业间吸引人才的竞争趋于激烈，从而产生了使管理和技术人员乃至部分职工参与持股的要求，以强化激励机制和减少流动性。

第二，完善治理结构，克服家族藩篱。

对具有一定规模的家族企业，要在治理结构上打破家族垄断。按照《公司法》的要求，形成股东会、董事会、监事会和经理阶层之间合理分工、互相制衡的关系。要接纳专业化的经营管理人才，按公司章程的规定授以职权，负责企业的经营管理，而主要股东组成的董事会则主要负责制定企业的发展战略和长远规划等重大决策。走出家族制的实质在于改变企业从小到大在创业过程中形成的随机决策、随机管理的"人治"，转向以制度管理的"法治"，使公司制度化、规范化和法制化。

第三，建立科学的人才选拔机制。

私营企业的人才选拔机制，要解决两个问题。

首先是从哪里选拔称职的经营人才。20世纪80年代，美国90%以上的新任首席执行官都是从公司内部提拔的，现在已有近1/3的首席执行官来自公司外。如果企业处于健康发展期，要保持公司战略的连续性、基本管理风格的一致性和新任经理人的忠诚度，便从公司内部选择。如果一个企业处于强烈的变革期，选拔人才的时候眼睛不光要盯着内部，还要盯着外界，寻求领导变革的新力量。

其次是如何选拔人才。企业在选择接班人时一定要保持相对的透明度，要让更多的人参与评价，让被选择的人暴露在竞争者、供应商和客户面前，让他公开接受评判。选人的程序要制度化，在制度化下产生的人选较容易被家族成员认可。企业要有一个接班培养计划，有第二梯队、第三梯队的培养计划，做到未雨绸缪。

第四，建立有效的激励与约束机制。

有效的激励机制有多种形式可供选择：经理人员持股、期权制和期股制，年薪制和年薪奖励制，其他方式的激励。

实用指南

改革开放以来，我国家族企业随着经济的快速增长也得到了迅猛发展，在国民经济中发挥了越来越重要的作用。但是，在其不断发展壮大的同时也暴露出越来越多的问题，制约了进一步发展。要想改变这种状况，管理者可以从以上几个方面着手。

创造一个真正的有机整体

管理精粹

> 管理者的任务就是要创造一个有机的整体，并让这个整体的作用大于各组成部分效用的总和。
> ——《管理：使命、责任、实务》 德鲁克

精彩阐释

德鲁克说，管理者的任务就是要创造一个有机的整体，并让这个整体的作用大于各组成部分效用的总和。这就相当于一个交响乐团，在指挥家的努力下，各个独立的乐器组合成一个整体，演奏出美妙动听的乐曲。

艾弗森开车在山间小路上迷了路，慌乱之中，汽车陷入了路边的壕沟里。靠他自己一个人的力量是没有办法把车弄出来的。他看到半山腰有户人家，于是便走过去找人帮忙。

他以为这家农户会有大马力的拖拉机，结果走进院子后才发现这家什么都没有。他看到牲口圈里拴着一匹已经衰老的马，看来只有指望它了。他以为农夫会因为马太瘦弱而拒绝他，出乎他的意料，农夫说："约翰完全可以帮你的忙！"

他看着这匹瘦弱不堪的马，觉得很担心，于是问农夫："您知道附近有没有其他人家？您的马太瘦弱了，恐怕不行吧？"农夫自信地说："附近只有我一家，您放心好了，约翰绝对没有问题的。"

没有别的办法，也只好这样了。农夫把绳子一端固定在汽车上，另一端固定在马脖子上。农夫一边在空中挥舞着鞭子，一边大声吆喝："使劲，约翰！使劲，汤姆！使劲，琼斯！"声音高亢有力，一会儿，约翰就把汽车从壕沟里拉了出来。

艾弗森觉得很吃惊，但又感到不解："这匹马有三个名字吗？"农夫拍了拍马，笑着说："约翰的眼睛瞎了，汤姆和琼斯是它以前搭档的伙伴。要让约翰感觉到它不是在单打独斗，只要感觉到是在一个团队里，它就有种不服气的劲儿，年轻力壮的马都比不上它。"

老马的故事告诉我们：一个人在团队中的力量可能远远胜

过他单打独斗的力量，而赋予他这种力量的，就是他所拥有的团队精神。

为了考查应聘人员的团队合作意识，某公司出了这样一道面试题：招聘官将最终进入复试的六个人分成两组，分别把他们关进两间一样的房子里——房子阔绰舒适，生活用品一应俱全；内有一口装满绿豆粥的大锅，每人只发一把长柄的勺子。

十二个小时过去后，招聘官先把其中的一组放了出来，他们出来的第一句话就是"快饿死了"。招聘官感到很奇怪："锅里有足够多的粥，你们为何不吃？"这组人员对这个问题感到十分不满："你给我们的勺子把太长了，我们没有办法把粥放到嘴中啊！"

招聘官很无奈，接着又把另外一组也放了出来，只见他们一个个红光满面、神采奕奕，他们感谢招聘单位给他们提供了可口的粥。第一组人感到大惑不解，问他们是怎样用这么长的勺子吃到东西的。第二组的人齐声说道："我们是相互喂着吃到的。"

可见，团队精神可以创造出无形的向心力、凝聚力和塑造力。只要大家心往一处想，劲往一块儿使，有困难就可以靠集体的力量克服，没有的东西也就会创造出来，缺少的东西也会心甘情愿地去补上，这样的企业就会战无不胜、攻无不克。

团队精神的培养并不是一朝一夕能完成的，需要一点一滴地铸造。

第一，需要团队领导者具有出众的协调能力。唐僧就是一个突出的代表人物，他虽然没有徒弟们那些降妖除魔的本领，却能用一种坚定的信念把不同性格、不同才能的三个徒弟凝聚到一起，形成一个高效的团队，最终到达西天取得真经。

第二，需要团队领导者具有出众的人格魅力、吸引力和感召

◇ 充分发挥团队精神的作用 ◇

团队精神是指一个团队的工作气势和氛围，它用来描述个体或群体在维护共同信仰和目标时表现出来的努力、斗志和效率。

1. 目标导向

团队精神能使团队成员齐心协力，拧成一股绳，朝着一个目标努力。

团结就是力量

2. 团结凝聚

团队精神具有凝聚作用，能引导成员产生共同的使命感和认同感。

我得向他学习才行啊！

3. 促进激励

团队精神能促使每一个队员自觉地向团队中最优秀的员工看齐。

这是我们的任务，为了团队的荣誉，我们今天加班也要完成！

4. 实现控制

团队精神通过内部所形成的观念的力量，去规范、控制团队的个体行为。

力。巨人集团老板史玉柱，在公司面临巨大困难、举步维艰的时候，很多员工仍不离不弃，即使不发工资也跟随史玉柱努力拼搏。这就是因为史玉柱身上所散发出的吸引力和感召力令人折服，让员工有工作的热情和冲劲。

第三，需要团队领导具有出众的沟通能力。沟通既要横向进行，又要纵向进行，重要的是要保证沟通的平等性和双向性，让成员能畅所欲言，说出真实的想法。沟通的好处在于能让员工迅速达成一致的观点，形成团队的共同价值观。

第四，需要团队领导掌握激励艺术。团队领导既要重视精神激励又要重视物质激励，两手都要抓、两手都要硬。激励的方式要创新，更要做到激励那些有创新的队员。为了使激励机制更好地发挥作用，还要引入竞争机制。竞争能使人发现自己的长处和不足，同时也容易发现别人的优势和劣势，相互之间取长补短，从而使整个团队更具凝聚力。

第五，需要团队领导为团队设定共同愿景和目标。所有的人都有了相同的愿望和目标，就能同心协力。目标不要不切实际，过于高远的理想或目标会让员工觉得不切实际而产生不了工作的激情。相反，一个切合实际的目标会让整个团队产生征服它的心理作用。

实用指南

在这样一个团队协作的年代，可以说，一个人没有团队精神将难成大事，一个团队如果没有团队精神将成为一盘散沙，一个民族如果没有团队精神也将难以强大。

事实上，那些基业长青的企业都拥有共创卓越的团队精神，甚至可以说，是否拥有这种团队精神是企业能否永续光辉的根本。

企业机构越简化，越不容易出错

管理精粹

> 企业机构越简化，越不容易出错，机构往往因为
> 复杂而变得难以沟通。
>
> ——《管理：使命、责任、实务》 德鲁克

精彩阐释

德鲁克强调："简单带来明确，企业多样化经营的业务越少越易于管理，人们能够了解自己的本职工作，并掌握其本职工作与整个企业产出的成果和绩效之间的关系。一切努力也将被集中起来。企业对员工的期望也因此而容易认定，成果亦易于评估和测定。"

如今，很多大企业在多年的飞速发展中都患上了"大企业病"，其主要表现为过分追求规模、机构臃肿、效率下降、管理不到位等。如果得不到及时有效的根治，患上"大企业病"的企业很可能会因此而一蹶不振，为此，企业管理要在保持重要岗位人员不变的基础上，对企业进行大刀阔斧的"精兵简政"。

驰骋于中国家电行业、独领风骚的美的集团在根治"大企业病"上堪称典范。

从2000年下半年开始，美的集团董事长何享健就提出要转变

◇ 如何优化组织效率 ◇

　　一个组织的结构往往意味着一个组织的权力分配，同时也决定着组织的决策模式，而权力分配与决策模式是影响组织效率最关键的要素。

效率型组织优化常见问题及解决方案

常见问题

解决方案

战略方向不明，组织结构缺乏前瞻性

明确战略目标，并分解到每个部门和员工身上。

职责不清，出现职能重叠与空白

严格划分岗位职责范围，避免交叉重叠。

未遵循任务目标的原则导致因人设岗、因人设职

这是专为您准备的职位！

岗位设置合理，人岗要匹配。

美的的经营模式，以利润最大化、投资创造最大价值为根本目标，并提出要在管理、经营、市场和区域四个方面进行结构调整。

在这场涉及全公司轰轰烈烈的"精兵简政运动"中，何享健大笔一挥，将美的股份公司本部精简为行政管理部、财务部、投资企划部、法务审计部和市场部五块，股份公司本部的人员精简至120人，减少了40多人。在职能部门中，只保留总裁、业务部长、业务经理、办事员这几个层次，比以前至少精简了两个层次，这些措施大大提高基层的工作效率，并使得管理层的决策能够很快地传达下去。精简后的美的，甩掉了沉重的组织机构包袱，轻装上阵，很快就显示出了短小精悍的优势来。据了解，到目前为止，美的投资的家电项目是投资一个成功一个，从没有失手过。

其实不仅仅是美的，很多成功的大企业都会遇到类似的问题，这时候就要看管理者是否能站在一个战略的高度上发现问题并正确解决问题。比如，联想集团的杨元庆在做出集团改制的重大决定后，仅仅用了两个月时间，就将有关电脑的所有职能分离出来集中在电脑事业部，300多人干的事，精简到125人来完成。这场精兵简政，成就了联想日后的腾飞。

飞利浦公司全球总裁兼首席执行官柯慈雷为了适应市场竞争，摆脱严重亏损的现状，对飞利浦的组织架构也进行了大刀阔斧的调整，并将相对复杂的多元化部门裁减、重组。最后，飞利浦从一个体态庞大、部门繁多的臃肿机构缩减为五个部门，并将涉足的领域集中在医疗保健、时尚生活、核心技术这三块上，集中力量实现效益的最大化。飞利浦的成功瘦身，使其在危难关头成功翻身，并为日后的崛起打下了坚实的基础。

美菱集团的张巨声为了提高员工的工作效率和忧患意识，将原来4个实体店的27个部门调减、归并为12个，新任部门经理、副经理、车间主任全部实行公司内部招聘，并通过竞聘，按照"能者上，庸者下"的标准进行人员的精简。

2001年，美菱集团又根据市场竞争要求和企业发展趋势，再次对组织结构和薪酬制度进行了改革。改革后，集团机构调整为3个管理层、9个职能部门和11个独立核算的业务单位，以市场为中心设置企业运作模式。

同时，引入"升降薪酬制度"工资标准每年随着经济效益的好坏进行升降。美菱集团的"精兵简政"精简了人员，减轻了负担，使得企业能够在以后的发展道路上阔步前进。

由此可见，要想使你的组织更有效率、更有活力，就必须给你的组织减减肥。

实用指南

作为一种策略、一种机制、一种行之有效的取胜之道，"精兵简政"要想发挥出真正的作用，必须达到以下三个目标。

一、提高管理系统的整体效率

现代的精兵简政最根本的目的是提高管理系统的整体效率，加强廉政建设。

二、实现精简、统一、高效的目标

现代的精兵简政不能采用一刀切的方法，应当以科学的方法进行。主要表现在管理效率的提高，实现精简、统一、高效的目标。

三、优化组合

单纯的人员和机构的减少，并不等于精兵简政，只有在将二者进行优化组合的前提下，做到机构与人员的简、少、精，才是现代意义的精兵简政。

组织模式随战略而调整

管理精粹

　　一个企业无论是对内还是对外，都需要系统地、不断地改进产品和服务的生产流程、服务和技术水平、培训方式、人员开发和信息的利用等。

　　　　　　——《21 世纪的管理挑战》　德鲁克

精彩阐释

　　德鲁克说：“一个企业无论是对内还是对外，都需要系统地、不断地改进产品和服务的生产流程、服务和技术水平、培训方式、人员开发和信息的利用等。任何领域的不断改进，最终会使操作发生转换。”

　　新的组织体制是为了适应日益严峻的企业竞争需要而产生的。有什么样的战略，就应有什么样的组织结构。这是因为企业的组织结构不仅在很大程度上决定了目标和政策是如何建立的，而且还决定了企业的资源配置。但这一点往往被企业经营者忽视，相当多的企业试图以旧的组织结构实施新的战略。

　　近年来，一些“井喷式”发展的企业后来之所以“雪崩式”倒下，除了战略制定上的失误之外，在战略实施中组织结构调整的严重滞后及现行组织结构本身的缺陷显然难辞其咎。不少企业的组织规模、经营领域、产品种类、市场范围等，随着新战略的实施已发生了重大改变，而企业的组织结构变化缓慢甚至一成不变。

这种"旧瓶装新酒"的做法，往往使企业的现行结构变得无效。其典型的症状包括：过多的管理层次，过多的人参加过多的会议，过多的精力被用于解决部门间的冲突，控制范围过于宽广，有过多的目标未能实现，等等。

企业组织结构的调整，并不是为调整而调整，而是要寻找、选择与经营战略相匹配的组织结构，切不可生搬硬套。企业是按产品设置组织结构还是按职能设置组织结构，是按地理区域设置分公司还是按用户设置分部，是建立战略事业部结构还是采用更为复杂的矩阵结构，一切必须以与战略相匹配为原则，以提高企业的沟通效率、激励员工参与为目标。

埃德森·斯潘塞说："在理想的企业结构中，思想既自上而下流动，又自下而上流动，思想在流动中变得更有价值，参与和对目标的分担比经理的命令更为重要。"对特定战略或特定类型的企业来说，都应该有一种相对理想的组织结构。尽管特定产业中成功的企业趋向于采用相类似的组织结构，但对某一企业适用的组织结构未必一定适用于另一家类似的企业。因此，创建与新战略相匹配的组织结构是战略顺利实施的重要保障。

实用指南

"世易时移，变法宜矣。"企业的组织模式必须符合企业与时俱进的发展要求，符合企业应对同业竞争和市场现状。公司的组织模式在时效性的基础上，更要引领企业走在其他企业前面，并朝符合时代潮流的方向发展。如果公司制度不能引领企业加速发展,甚至落后于发展的潮流,那么这样的组织模式早就应束之高阁。

中层机构不宜臃肿

管理精粹

> 现在已经到了开始减少中层管理者的时候了,就
> 像日益发胖的人要控制体重一样,否则就会影响整个
> 身体的健康状况了。
>
> ——《管理前沿》 德鲁克

精彩阐释

现代企业面临的最大问题之一是机构臃肿带来的管理成本增加,有时管理成本甚至会超过交易成本。而机构臃肿带来另一个问题:不能灵活地采取行动。所以,德鲁克认为,现在已经到了开始减少中层管理者人数的时候了,就像发胖的人要控制体重一样,否则就会影响整个身体的健康状况。

有人对美国的 39 家公司进行了调查,结果表明,成功与不成功的公司的最大区别在于"单纯与否"。只有单纯的组织才最适合销售复杂的产品。

事实的确如此,大部分优秀公司的管理层员工相对较少,员工更多的是在实际工作中解决问题,而不是在办公室里审阅报告。它们的结构形式只有一种关键的特性:简单。只要具有简单的组织形式,很少的员工就可以完成大量的工作。

管理学家们对优秀公司的组织结构进行研究后,得出这样一个结论:大型公司的核心领导层没必要超过 100 人,即"百人规则"。

艾默生电气集团拥有 5.4 万名员工，但公司总部员工少于 100 人。施卢姆贝格尔探油公司是一家拥有 60 亿美元资产的多元化石油服务公司，只有大约 90 名管理层员工经营着这个覆盖全球的大帝国。

同样的规则也适用于一些经营状况良好的中小公司。当查尔斯接管价值 4 亿美元的克利夫兰公司时，他被行政人员的数量吓坏了。在很短的时间里，他把公司总部人员从 120 人减到了 50 人。

那么，如何给组织减肥呢？美国联合航空公司前主席爱德华·卡尔森曾提出过一个水漏理论。在大多数公司，中层管理人员除了做一些"整理工作"以外——如阻止一些观点向上传和阻止一些观点向下传——几乎没有什么作用。

卡尔森认为，中层管理人员是一层海绵，如果中层的人员少一些，亲身实践管理就能更好地发挥作用。全美最受崇敬的经理、美国通用电气的前首席执行官杰克·韦尔奇在给通用减肥时，采用的方法也是削减中层人员。

杰克·韦尔奇在 20 世纪 80 年代初期走马上任时，通用电气看起来是美国最强大的公司之一。韦尔奇担心通用的竞争者变得强大，他希望通用变得更有竞争力。为了达到这个目的，韦尔奇感到他需要一个流畅的和进取的通用，这意味着要将当时的通用尽可能地精简成为一个较小的——小得多的通用，使它像小公司一样行动敏捷。

当时通用有 421000 名雇员，其中有管理者头衔的竟有 25000 名，大约有 500 名高级管理者和 130 名副总裁及以上级别的管理者。通用的组织是如此庞大，以至于平均每两个雇员中就有一个是管理者。韦尔奇认为，通用臃肿的组织已经成为累赘，它浪费了通用无数的财富。于是，他着力简化组织。他将管理层中第二级和第三级——部门和小组完全砍掉。在20世纪80年代，业务主管向高级副总裁汇报，高级副总裁向副执行总裁汇报，他们都拥有自己的办公职员。韦尔奇改变了这种做法，结果是，14个事业部领导人直接向首席执行官办公室里的三个人——韦尔奇和他的两个副总裁汇报。

经过一系列改革，通用从董事长到工作现场管理者之间管理级别的数目从9个减少到4～6个。韦尔奇通过减少一些高级管理层，使得每个企业只留下了10个副总裁，而其他类似通用规模的公司通常有50个。现在，他可以直接和他的企业领导者交流了。

新的举措被证明是惊人的干净利落、简单有效。主意、创见和决策常常以声速传播。而在以前，它们常常被繁文缛节和压抑沉闷的道道审批所阻塞和扭曲。韦尔奇的通用"减肥"行动无疑是卓有成效的。

所有复杂的组织都存在资源浪费和效率低下的问题，它使得领导者无法把目光专注在应该关注的事上。相反，进行着数目极其庞大的、昂贵的、无生产力的活动。因此，要想使你的组织更有效率、更有活力，就必须给你的中层领导层减减肥。

实用指南

中层管理层不宜太臃肿，扁平式的组织结构可以让企业变得更灵活机动、富有成效。

金律三

企业的成功要靠团队，而不是个人

高效团队是组织成功的关键

管理精粹

想要管理自己就需要自问："我擅长与别人合作，
还是擅长单打独斗？"如果你是前者，就要再问：
"在哪种关系下，我才能与人共事？"

——《21 世纪的管理挑战》 德鲁克

精彩阐释

德鲁克认为，除了少数伟大的艺术家、科学家与运动家，很
少有人可以单打独斗并获得成效。无论组织的成员或自由工作者，
大多数人都要与他人合作。

茫茫大海里，几头零星的海豚在觅食。它们欣喜地看到海
洋深处有一个很大的鱼群。这时它们并没有因为饥饿冲向鱼群，
急于求成只会使鱼群被冲散。它们跟在鱼群后面，向大海的深
处游去。

越来越多的海豚游了过来，不断加入队伍中。当海豚的数量
达到一百多头时，奇迹发生了。它们环绕着鱼群，把鱼群全部围
在中间。它们分成小组冲进去，无路可走的鱼成了海豚的佳肴。
当中央的海豚吃饱后，它们就会出来替换外面的伙伴，让它们进
去吃，直到每一头海豚都饱餐一顿才离开。

这就是团队的力量。如果说竞争日益激烈的市场是茫茫大海，那么企业就是海豚种群，而企业中的每个人都是觅食的海豚。团队是我们共同的家园，是我们赖以生存的根本。企业的成功不是靠某个人的努力能够达成的，而是团队共同努力的结果。

俞敏洪是新东方教育集团的董事长。熟悉他的人都知道他有一个分苹果理论：你有六个苹果，你留下一个，把另外五个给别人吃。因为别人吃了你的那个苹果以后，当他有了橘子，一定会给你一个。最后，你得到的水果总量可能不会增加，还是六个水果，但是你生命的丰富性成倍增加。你看到了六种不同颜色的水果，尝到了六种不同的味道。更重要的是，你学会了在六个人之间进行人与人最重要的精神、思想、物质的交换。这种交换能力一旦确立，你在这个世界上就会不断得到别人的帮助。

这种理论的核心思想是合作。他把这个故事引申开来，与新东方的员工们分享心得体会：如果你是在团体里工作，你就必须学会在团体里面与人相处，遵守在一个团体里的做人规则。因为人是群体性的动物，所以必须学会在人群中生活。不管你愿意不愿意，只要你选择了在办公室上班，在一群人中间工作，你做人的好坏就决定了你在一个地方的地位和威望。我们在生活中会遇到各种各样的风风雨雨，我们除了需要家庭，有时候也需要朋友在前进的道路上互相扶持。

事实证明，分苹果理论效果非常明显。比如说，在创业之初，俞敏洪感觉一个人的力量有限，他开始召唤朋友们。徐小平、王强等北大的校友在他的召唤下，纷纷归国加入新东方阵营。团队的力量是无穷的，一群好友的加盟促使新东方得到快速发展。随后，新东方建立了完备的出国考试培训、基础外语培训、出国留

◇ 如何创建高效团队 ◇

高效团队的创建是一个系统工程，它是建立在所有环节都达到目标要求的基础之上的。

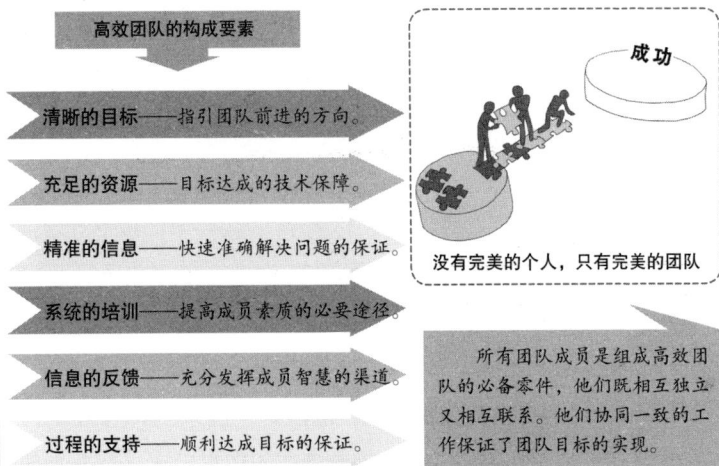

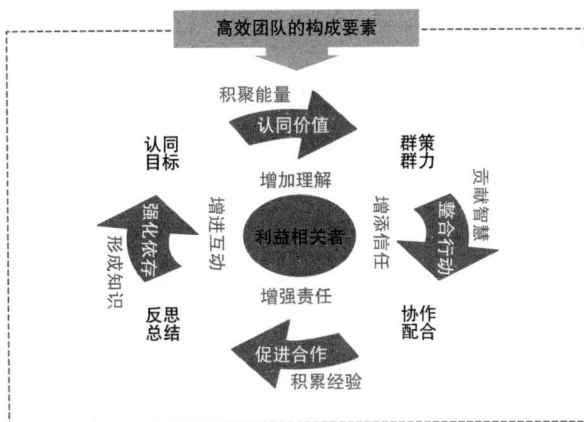

高效团队的构成要素

清晰的目标——指引团队前进的方向。

充足的资源——目标达成的技术保障。

精准的信息——快速准确解决问题的保证。

系统的培训——提高成员素质的必要途径。

信息的反馈——充分发挥成员智慧的渠道。

过程的支持——顺利达成目标的保证。

成功

没有完美的个人，只有完美的团队

所有团队成员是组成高效团队的必备零件，他们既相互独立又相互联系。他们协同一致的工作保证了团队目标的实现。

高效团队的构成要素

积聚能量
认同价值
增加理解

认同目标

增进互动

利益相关者

强化依存
形成知识

反思总结
促进合作
积累经验

群策群力
贡献智慧
整合行动
增添信任

协作配合
增强责任

学服务教学体系，并迅速扩张到全国多个大城市，真正称霸于国内英语培训市场。

可见，只有充分合作，才能快速达到目标或获得成效。

实用指南

德鲁克认为，与管理者相比，团队才是真正的领袖。无论是伟大的政治家还是杰出的企业家，重视团队的力量是他们不变的制胜法则。仅仅依靠管理者个人的力量是远远不够的，企业的成功需要高效团队创造的巨大威力。没有哪个管理者能够在不重视团队的情况下获得令人称赞的工作成效。

预先建立经营团队

管理精粹

要让经营团队的成员彼此了解、相互信任，大概需要三年的时间。因此，进入成长阶段的企业，必须预先为建立经营团队做好准备。

——《卓有成效的管理者》 德鲁克

精彩阐释

很多企业自创业萌芽到成形一直都比较顺利，但是往往到成长阶段迟迟不能突破，这是企业发展的一个瓶颈。德鲁克分析这个问题时认为，之所以会出现这种情况，主要是因为企业在管理上存在缺陷，套用以前的管理方式与经营体制已经无法使企业快速成长。

此时最实用的解决办法就是将企业的"一人管理"转换为"组织管理",换句话讲,也就是组建自己的智囊团。如果不这样做,企业的经营就会大受挫折,从而错失最佳的时机,严重的会危及企业未来的命运。

决策中的智囊团也称为外脑系统、头脑公司、思想库等等,是专门为管理者提供决策服务的高层次和专业性的咨询机构。在这种组织中,集中了不同专业的自然科学家、社会科学家以及其他方面的专家或专业人才。他们在各自的专业领域中有自己的专长甚至在年龄上也有自己的特点,他们组成一个庞大的综合知识库,为管理者出谋划策。

美国克莱斯勒汽车公司总裁艾柯卡所创造的神话般的经济奇迹,就得益于智囊团的大力相助。克莱斯勒汽车公司在艾柯卡上台之前,由于没有把握住世界石油危机带来的冲击,照样生产耗油量大的大型汽车,结果在1979年9个月中亏损7亿美元,打破了美国有史以来的最高纪录。

艾柯卡上台以后,大胆转型生产哈尔·斯珀利奇领导的公司咨询组设计的K型车,并从K型车的基础上推出了一系列众多车型的车辆,重新打开了市场。经过三年的努力,艾柯卡不仅挽救和重建了克莱斯勒这家朝不保夕的公司,而且,1984年该公司盈利2.4亿美元,提前偿还了12亿美元的政府贷款。其股票从1981年的每股3美元,上升到1984年的每股30.75美元。

面对激烈的竞争,管理者如果从单一的或纯粹经验的专业方向出发,采取独裁的决策方式都是无效的,必须着力于建立智囊班子及智囊机构辅助自己决策。

其次,智囊团的工作是根据管理者的目标要求而进行的,从智囊团本身来说，智囊团是有其自身的内在规律与工作程序的，并有自己一套行之有效的方法。就其工作程序来讲，可分三步进行。

首先，接受决策咨询任务，组建智囊团。智囊团的工作一般都是围绕管理者提出的研究任务进行的，主要是了解管理者的意图和目标，全面掌握管理者提出该问题的背景和关键环节，明确研究问题的目标；智囊团应根据问题的性质和所要研究的专题内容，选用、配备专业人员，组成智囊班子，并有人专门负责。

其次，智囊团应该在接受咨询任务之后，展开初步工作，进行初步调查，并根据初步调查情况制订工作计划。

全面进行调查研究，设计决策的评估方案。调查工作计划确定之后，智囊班子即可按计划对所要研究的问题进行全面、深入的调查，收集数据、资料。有数据资料库的，可先检索有关摘要，然后根据需要检索原文，再了解问题情况。如果展开市场调查，就必须深入市场中去，了解与研究项目相关的信息，诸如价格、质量、产地、性能等，这样才能对领导人提出的问题和有关指标体系进行分析、对比、研究，进而制定各种方案，并对各方案进行分析和评估。

最后，多方征求意见，提出决策参考方案。在对各种方案进行分析评估的基础上，经过反复论证，提出一个初步的研究方案，并召集有关人员，听取他们对该研究方案的意见和反应，有可能的话还可以与管理者进行事先沟通，听取管理者的初步意见。然后，智囊团再根据各方面的意见和反应进行相应的指正和调整，力求整个决策方案能够充分符合管理者的要求和实际情况。最后，大家再集思广益，内部再进行反复地讨论与磋商，最终形成一个可行的决策参考方案，呈送管理者，供其决策参考。

当然，智囊团作为管理者的"外脑"，为管理者提供决策参考，他们的职能和任务仅在于研究管理者提出的问题，为管理者提供各种可供选择的方案，管理者则从中选优决断。决断是管理者的职能，也是整个决策过程的最后结果。那么，管理者应该如何对智囊团提供的决策参考方案进行择优决策呢？这其实是管理者如何运用智囊团做正确决策的问题。

管理者在听取智囊团的意见时，经常的情况是大家的意见大相径庭，这就要求管理者找出其共同点。首先，要求管理者对各种方案虚心听取，不做任何判断，并在各种方案的不同点中找出共同点来。接着，处理、分析不同意见，使它们趋于一致，汇集成为一个新的方案。这种求同存异的方法有几种技巧可用：

冷却法。即让争论双方暂时平息争论，冷静下来进行反思，隔一段时间后再组织起来加以讨论。这样能够使大家有一个清醒的认识，反复权衡，选择出最优方案。

利弊分析法。由于各种方案迥异，管理者可引导大家对各种方案进行利弊分析，促使各方以利补弊、弃弊趋利，互相取长补短，达成共识。

边际分析法。这种方法是增加决策智囊人员，倾听他们对不同意见的看法，如果新增人员较多地趋于一种方案，则该方案较优。

总之，管理者既要充分发挥智囊团的作用，自己又要具有最终决策的独立性；既要科学地运用智囊团的参考方案，又要保证自己决策的有效性。在竞争激烈的现代社会，管理者应该充分发挥智囊团的作用，灵活、有效地运用智囊团，从而使自己的决策

◇ 发挥企业智囊团的作用 ◇

智囊团又称企业头脑、智囊集团或思想库、智囊机构、顾问班子，是指专门从事开发性研究的咨询研究机构，是现代领导管理体制中的一个不可或缺的重要组成部分。世界 500 强的企业都有自己的智囊团。

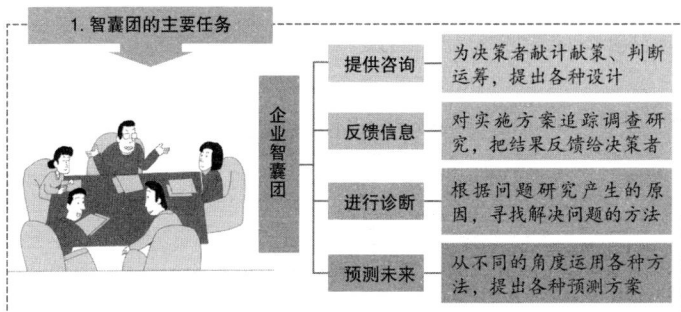

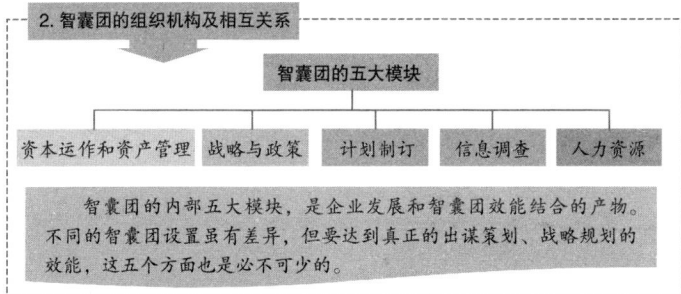

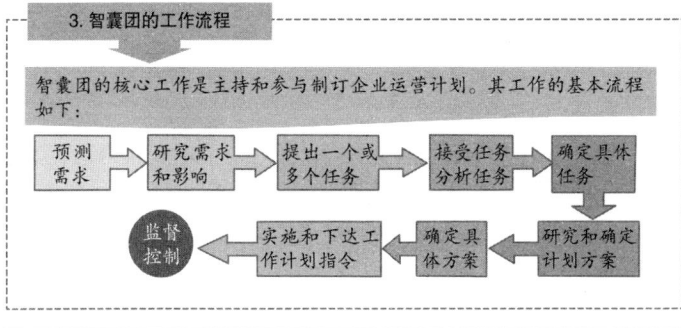

1. 智囊团的主要任务

企业智囊团

提供咨询	为决策者献计献策、判断运筹，提出各种设计
反馈信息	对实施方案追踪调查研究，把结果反馈给决策者
进行诊断	根据问题研究产生的原因，寻找解决问题的方法
预测未来	从不同的角度运用各种方法，提出各种预测方案

2. 智囊团的组织机构及相互关系

智囊团的五大模块

| 资本运作和资产管理 | 战略与政策 | 计划制订 | 信息调查 | 人力资源 |

智囊团的内部五大模块，是企业发展和智囊团效能结合的产物。不同的智囊团设置虽有差异，但要达到真正的出谋策划、战略规划的效能，这五个方面也是必不可少的。

3. 智囊团的工作流程

智囊团的核心工作是主持和参与制订企业运营计划。其工作的基本流程如下：

预测需求 → 研究需求和影响 → 提出一个或多个任务 → 接受任务分析任务 → 确定具体任务

确定具体任务 → 研究和确定计划方案

研究和确定计划方案 → 确定具体方案 → 实施和下达工作计划指令 → 监督控制

处于合理的构架之中，并在实践中立于不败之地。

实用指南

一般企业在创业之初，大多是以经营者的主观愿望为核心进行管理的，这时的组织还没有完全定型。企业在这个阶段灵活性很强。然而等发展到一定阶段，就会遭遇到瓶颈而停滞。

原因主要是，依靠创业者个人魅力所建立起来的管理，已经不能掌控整个局面，组织内部的协调能力也不能满足企业逐渐扩大的规模。为了解决这一问题，我们必须考虑如何建立一个真正的经营管理队伍，以促进企业更好地发展。

让更少的员工制造出更多的产品

管理精粹

制造领域的新理念要比信息和自动化更为重要，如何让更少的员工制造出更多的产品是未来工业的必然趋势。

——《卓有成效的管理者》 德鲁克

精彩阐释

德鲁克认为，生产率是衡量企业效益的重要参考指标。生产率意味着企业对资源利用效率的高低，是企业产出的重要指标。生产率虽然不是企业发展的核心因素，却是起关键作用的因素。20世纪初形成的以泰勒等人为代表的古典管理理论，其中心问题就是提高劳动生产率。泰勒等人倡导的科学管理，以提高劳动生产率为目标，在操作规程、工作定额、差别工资制度、职能分工、管理原则等方面，进行了一系列探索，开创了科学管理的新时代。

企业的管理者要想方设法提高企业生产率，要结合企业的实际，尽可能地降低成本、增加效益。

现在大多数企业都接受"缩短工作时间"这一管理理念。所谓缩短工作时间，就是让员工在有限的时间内生产尽可能多的产品。这种生产方法注重生产效率，不以延长时间来增加产品产量，而以一种竞争和激励机制来调动员工的生产积极性。

一家公司推行"缩短工作时间"这一理念，其推出的目的就是提高单位时间的生产率。该公司从创立之日起就采用两班制，每班工作12小时。轮到夜班者，每到凌晨三四点时，就有人打瞌睡，而且工作效率极其低下。公司为了防患于未然，严格规定瞌睡者要记大过一次，三次就得开除。

虽然制度严格，但睡者照睡，甚至发现平常表现良好的员工，有一夜被发现连打三次瞌睡的情形，总经理为此非常担心。

经过深入的调查研究后发现，每班工作12小时，日班尚可忍耐，夜班则疲惫不堪，到了凌晨三四点，虽明知打瞌睡会被重罚，但总是心有余而力不足，一坐下就打瞌睡。

为了解决因体力不支而不得不打瞌睡的问题，公司制定出一套对劳资双方均有利的方法：把现有人员由两班制改为三班制；每班工作时间由12小时改为8小时，缩短4小时的工作时间；虽然缩短工时，但员工每月的收入不变。

三班制的工作方式大受员工欢迎，员工工作更加卖力。

由于工作时间缩短，工作的动力增强，打瞌睡的现象没有了，公司的生产效率也大为提高，总生产量较实施三班制之前提高了20%，劳资双方通过这一方法实现了双赢。

生产率是企业获得利益、长足发展的法宝，管理者重视提高劳动生产率无可厚非，但管理者要从企业实际出发，从员工的需要出发，尽可能地激发他们的工作动力。也就是说，企业提高生产率要更多地从人性出发，更多地将之转变为一种激励机制。效率都是人创造的，所以提高效率就必须以人性为基点。

实用指南

如果员工的工作可以量化，你有没有计算过每个员工的产值增长率？和你的理想差距大吗？想想问题出在何处，设法改变这种不理想的状况。

了解你的团队成员

管理精粹

与了解自己的优点、工作风格和价值观一样，了解身边人的这些特征也是非常重要的。

——《21 世纪的管理挑战》 德鲁克

精彩阐释

德鲁克认为，企业的总体目标是由一个个团队成员完成的。团队的成员之间往往存在着巨大差异，但是这并不重要，重要的是每个成员是否都发挥了自己的优势，只有每个成员都发挥出自己的优势，团队才有可能更加完美地发挥自己的水平。

在狼群中，总会有老、幼、强、弱等个体上的差异，但一到团队围猎时，每个个体都会贡献自己的力量。那些老弱的就做掩护，强者负责进攻，团队成员各尽所能、各司其职，可以说，狼群是一个完美的互补型团队。

狼群围猎向我们展示的是一个完美的团队合作的案例，管理也是如此。管理者应该关注的不是某个人的力量，而是团队的综合实力。在一个团队中，每个人都有他的长处。作为管理者，如果你能很好地掌握他们的特点和优势，把他们放到最能发挥其作用的位置上，你就会发现，你得到了一个完美的"互补型"团队。并且，你的工作变得卓有成效，你的员工尊重并拥护你。

那么，如何才能铸就一个成功的互补型团队呢？唐僧团队西天取经的经历为我们提供了最好的范例。

关于唐僧团队的精妙所在，马云总结得最为深刻。他说："唐僧团队是我最欣赏的，唐僧团队中唐僧这个人不像很能讲话，也不像个领导的样子，但是他很懂得领导这个团队。这个团队到西天取经，那么多天没有散掉就是好领导，唐僧是一个好领导，他知道孙悟空要管紧，所以要会念紧箍咒；猪八戒小毛病多，但不会犯大错，偶尔批评就可以；沙僧则需要经常鼓励一番。这样，一个明星团队就成形了。

"孙悟空武功高强，品德也不错，唯一遗憾的是脾气暴躁，单位有这样的人。猪八戒有些狡猾，没有他生活少了很多的乐趣，这样的人单位里也不少。沙僧更多了，他不讲人生观、价值观等形而上的东西，'这是我的工作'，半小时干完了活就去睡觉，这样的人单位里面也有很多。就是这样四个人，千辛万苦，取得了真经。这种团队是最好的团队。这样的企业才会成功。"

◇ 建立互补型团队 ◇

在企业中，人才结构决定着人才群体的功能。同样的人才数量和质量，搭配的结构不同，发挥的作用就有很大差异。因此，建设"互补型"团队，对企业的发展非常重要。

> 你们各自发挥优势，就是一个好团队。

作为管理者，如果你能很好地掌握每一个员工的特点和优势，把他们放到最能发挥其作用的位置上，你就会发现，你得到了一个完美的"互补型"团队。

交际　统筹　实干

如何建立互补型团队

1. 高能为核	以能力高的人为核心，调动各方面的积极性和创造性。
2. 同层相济	要让团队的中、高、低各层次人才保持合适的比例。
3. 异质互补	将不同专业、性格、气质的人组合在一起，各司其职，各得其所。
4. 形成梯队	包括工龄梯队、年龄梯队、接班人梯队等。
5. 德才不逾	有德有才，信而用之；有德无才，帮而用之；无德有才，防而用之；无德无才，弃而不用。
6. 动态调整	人才的搭配根据企业内外部环境的变化而进行调整。

在马云看来，一个团队里不可能全是孙悟空，也不能都是猪八戒，更不能都是沙僧。"要是公司里的员工都像我这么能说，而且光说不干活，会非常可怕。我不懂电脑，销售也不在行，但

是公司里有人懂就行了。"

那如何建立互补型团队呢？我们或许可以从分析唐僧团队的过程中获得一些启示：

首先，唐僧团队是以结果为导向的团队。唐僧团队所有的活动都追求最终结果，正是由于彼此合作，才能达到目标。

其次，唐僧团队的团队目标十分明确——取经。从某种意义上说，这个团队基本上是一个制度化的团队，虽然制度不是很完善，但能基本保证团队目标的达成。孙悟空是人才，虽好出格，紧箍咒把他管束住了；猪八戒难成大事，只要让孙悟空管束住他就行了；沙僧老实，自我管理就行。这种制度体系严重压制创新意识，但是对于取经这样一个特定的任务而言，是一种比较好的选择。

再次，唐僧团队的人才搭配非常合理：唐僧没什么本事，但能把握大局，而且目标明确，坚定执着；孙悟空忠心耿耿，能征善战，适合打头阵；八戒看似一无是处，但能调节气氛，这种人也不可少，关键时候也能搭把手；沙僧老实巴交，最适合搞基础工作。

最后，唐僧团队非常重视利用社会资源、人际关系，充分调动团队成员的人际关系，为团队发展扫清了障碍。

实用指南

团队成员之间存在差异并不重要，重要的是了解每个成员的个性，然后建立一个互补型的团队，争取让每个成员都充分发挥自己的优势。

企业的基础是经济绩效

管理精粹

企业的基础是经济绩效，如果没有它，企业根本谈不上任何责任。

——《变动中的管理界》 德鲁克

精彩阐释

德鲁克认为，对于任何一个企业来讲，如果其投入与产出的比值过低，那么它就是一个不负责任的企业，因为它浪费了宝贵的社会资源。企业的基础是经济绩效，如果没有它，企业根本谈不上任何责任。

张瑞敏在长期的管理实践中领悟出企业在市场中所处的位置，就如同斜坡上的一个球体，由于受到来自市场竞争和内部职工惰性的影响形成的制约力，有向下滑落的本性，如果没有止动力，就会下滑。

为使海尔在斜坡（市场）上的位置保持不下滑，并使它往上移动，需要两个向上的动力：一个是支撑力，保证它不向下滑，就需要强化内部基础管理；另一个是止退力，促使企业往上移动，就必须用企业的创新能力。在这一理念里，管理是企业保证良好绩效能力的重要方式。

"斜坡球体理论"在海尔被大家称为"海尔发展定律"，它也道出了企业发展的一般规律。海尔的经济学家给斜坡球体理论列的公式是：$A=(\Sigma F_{动}-\Sigma F_{阻})/M$，即企业发展的加速度，与企业发展动力之和与阻力之和的差值成正比，与企业的规模成反比。其中，A代表企业发展的加速度，ΣF动代表企业发展的动力之和（$F_{动1}+F_{动2}+F_{动3}$）。

海尔常谈到的动力有三个：一是优质产品、优质服务、科技发展的提升力，二是基础管理的止退力，三是创国际名牌、市场占有率扩大的推动力。ΣF阻代表影响企业发展的阻力之和（$F_{阻1}+F_{阻2}$）。

海尔常谈到的阻力有两个：一是来自企业内部自身惰性的下滑力，二是来自企业外部竞争对手的压力。M代表企业的质量，即规模。海尔认为，日事日毕解决基础管理的问题，使$F_{动1}>F_{阻1}$；日清日高解决速度的问题，使$F_{动2}+F_{动3}>F_{阻2}$。

张瑞敏根据斜坡球体理论发明了一套叫作"OEC"的管理模式，也叫日清日高管理法，它是英文"Overall Every Control and Clear"的缩写，其中"O"代表"Overall"，意为"全方位"；"E"代表"Everyone、Everything、Everyday"，意为"每个人、每件事、每一天"；"C"代表"Control and Clear"，意为"控制和清理"，其含义是全方位对每人、每天所做的每件事进行控制和清理，并要求每天都要有所提高，做到"日事日毕，日清日高"。

用斜坡球体来比喻，OEC管理模式为我们的管理带来以下几个启示：

抓管理要持之以恒。管理工作是一项非常艰苦而又细致的工作。管理水平易反复，也就是说管理者自己也会松动下滑，需要不断地加固。

管理是一项笨功夫，没有一劳永逸的办法，只有深入细致地反复抓，抓反复，才能不滑坡。

管理是企业成功的必要条件。没有管理，企业业绩就会下滑，企业就会丧失竞争力。所以管理的作用是支撑企业的发展，提高企业的绩效能力。

管理是动态的，永无止境的。企业向前发展，管理也要跟着提高。管理无定式，需要根据企业目标的调整，根据内外部条件的变化进行动态优化，而不能形成教条。海尔的口号是"练为战，不为看"，一切服从于效果，一切决定于结果。

海尔的斜坡球体理论和OEC管理模式为经理人经营和管理企业、激发企业活力、确保企业长青发展提供了一个很好的借鉴。管理必须起到支撑企业发展的作用；管理必须提高企业的绩效能力；管理者必须在变中求发展，以结果为中心，以结果为导向，实现企业目标。

管理是人的管理。管理要提高企业绩效，就必须提高人的绩效能力。

人都有喜新厌旧的心理，在一个环境待久了，就想换一个活法，要不然就会变得浑浑噩噩，对工作和生活丧失新鲜感和责任感。

同样，在一个企业内部，一个部门长时间由一个人管理，往往形成一定的模式和思维方式，扼杀新的想法和创意，这样就会使一个部门失去活力，变得死气沉沉。

于是，无视纪律者有之，不思进取者有之，自暴自弃者有之，长期下去，组织就成了一群半死不活的沙丁鱼，这样的组织不会有什么高效可言。

◇ 绩效管理的作用及标准 ◇

　　绩效管理对于提升企业竞争力有巨大的推动作用，没有有效的绩效管理，组织和个人的绩效得不到持续提升，组织和个人就不能适应残酷的竞争，最终将被市场淘汰。

1.绩效管理的作用

（1）绩效管理促进组织和个人绩效的提升

（2）绩效管理促进管理流程和业务流程优化

（3）绩效管理保证组织战略目标的实现

绩效管理强调组织目标和个人目标的一致性，强调组织和个人同步成长，形成"多赢"的局面。

末位淘汰制

2.绩效标准要公平合理

　　绩效考评标准就是对员工绩效进行考核的标准和尺度。标准既要达到评价的各项目的，又要为被评价员工普遍接受。因此，在制定评价标准时，应遵循以下四大原则。

（1）公正性与客观性

标准的制定及其执行，必须科学、合理，不凭个人好恶。

（2）明确性与具体性

标准不能含混不清、抽象，而应该明确，应尽可能予以量化。

（3）一致性和可靠性

标准能适用一切同类型员工，即一视同仁，不能区别对待或经常变动。

（4）民主性和透明性

制定标准的过程中，要依靠员工，认真听取他们的意见。

作为管理者，应该努力创新管理模式。什么样的管理模式决定什么样的工作绩效，管理者如果不能提高企业的绩效，那就不是合格的管理者。管理者只有以强烈的绩效精神为准则，才能使企业由优秀走向卓越。

实用指南

在德鲁克看来，管理的终极使命是绩效。一切管理活动都必须集中在组织如何最大化地实现绩效上，管理者要努力提高绩效，管理者必须对最终的绩效负责。绩效意味着结果，意味着企业能不能达到目标、能不能实现有效的管理、能不能提高效率。

相互兼容的价值观是企业高执行力的基础

管理精粹

想要在企业内取得成就，个人的价值观必须与企业的价值观兼容。

——《21 世纪的管理挑战》 德鲁克

精彩阐释

德鲁克认为，相互兼容的价值观是企业获得高效执行力的认知基础。作为一个企业，如果员工各有打算，各自努力的方向不一致的话，就会缺少合作力，影响企业发展。只有全体员工同心同德，齐心协力才能带来最大效益。

在日本市场上站稳脚跟之后，京瓷总裁稻盛和夫希望公司走向海外世界，首先开辟美国市场。1962 年，稻盛和夫独自一人飞往美国，由于语言不通，也没有志同道合的代理人，结果无功而返。

1963年，原来在松下工业任贸易部长的上西阿沙进入京瓷。上西出生在加拿大，他在松下时充分利用自己的语言优势，一直从事与海外的贸易往来。上西比稻盛年长12岁，对外贸易经验极其丰富，正是京瓷急需的人才。

上西刚加入时，稻盛如获至宝，每天一到傍晚，稻盛就跟上西促膝长谈，竭力想使他的思想与公司一致。而上西自恃是精通贸易的专家，心高气傲，无法马上接受稻盛的想法和领导。

稻盛希望上西马上开辟海外市场，而上西认为想开展对外贸易，做市场调查的时间就得有一年左右。稻盛绝不允许这样按部就班的慢吞吞的做法。稻盛的过度执着和上西的循序渐进产生了矛盾，二者在许多业务问题上各不相让，经常闹得不欢而散。

稻盛本来打算把经验丰富的上西当作自己的左右手，协助自己扩大海外市场。现在却为上西不能理解自己的意图而满怀怒气。这时候，稻盛深切地感受到，再丰富的贸易经验，再优秀的人才，不能同心协力就没有战斗力。他觉得自己无法与上西共事，决定解雇上西。

上西的养父听说这个消息后十分着急，跑到稻盛家中苦苦哀求，原来上西由于过于自负，在其他公司也无法待下去。稻盛决定再和上西交谈一次。他把自己所能想到的对生活、工作的态度，思考问题的方式等一一提出，向上西追问到底，想借此改变上西的思维方式。稻盛恳切的肺腑之言，终于使上西和他心意相通了。

在上西的协助下，京瓷很快就在美国的高科技产业的圣地——

硅谷，建立起了海外兵团，成为日本企业打入硅谷的先驱。

世界上大多数成功的企业，除了物质技术设备优越之外，更重要的是在员工个人价值观与企业价值观兼容上的成功——共同的价值观能够促进组织全体成员在对企业、战略、任务和执行的认识上趋于一致，从而提升企业的战斗力。共同的价值观和目标是一个优秀团队必不可少的。企业领导者必须让每个员工明白，团队利益永远大于个体利益，个体利益永远服从团队利益。

实用指南

松下电器公司总裁曾这样说："一个人的智慧终究是有限的，无论多么执着、多么努力，他可以发挥出来的永远只是一个人的力量，只能完成一件小事，而永远也不足以成就伟大的事业。"一个有影响力的管理者只有注重整体利益，才能凝聚整体的力量，才能实现团队的整体能力大于所有个体的能力之和。

用团队精神取代个人英雄主义

管理精粹

> 管理意味着用思想代替体力，用知识代替惯例和迷信，用合作代替强力。
> ——《管理：使命、责任、实务》 德鲁克

精彩阐释

德鲁克认为，衡量一个企业是否有竞争力、是否能够永续发展，决定因素不是理念有多先进、资金有多雄厚、技术有多过硬，

而是企业是否有团队合作精神，尤其是企业的员工是否具有合作意识。

"万家乐，乐万家"的广告语曾经响彻中国大地，空调行业对拥有热水器行业龙头品牌背景的万家乐空调寄予了厚望，期望万家乐带领民族企业在国际市场上创造奇迹。在万家乐空调2002年3月15日产品上市之后，广大的经销商就加入销售万家乐空调的队伍中。然而，好景不长。万家乐空调在国内空调市场上销售了一年多之后，于2003年年底爆出被珠海市中级人民法院查封的消息。

一颗冉冉升起的品牌明星瞬间陨落。万家乐的失败就是典型的因为个人英雄主义主导团队而导致的失败。万家乐空调老板陈雪峰是个典型的具有"个人英雄主义和独裁治理"特征的人。陈雪峰希望自己能够成就一番伟业，因此他独断专行，不纳谏言。在公司战略上以卵击石，以微薄之力进军大家电；在公司内部治理上，陈雪峰自高自大，从来都听不进资深员工的忠告，动辄对员工大发脾气；在人员使用上，陈雪峰凭着自己的好恶任意任免高级管理人员。由此带来的影响是，万家乐空调的品牌负责人换了一任又一任。公司的企业文化不成体系，缺乏企业精神和足够的凝聚力，导致中下层员工缺乏归属感，结果公司上下人心涣散，最终落得个失败的下场。

现代企业就好比一条正在参加比赛的龙舟，船上的每个人都是决定比赛胜负的关键力量。大家划船的劲能不能使到一处，能否与企业保持步调一致，是企业能否稳步快速前进的关键。千舟竞发，只有团队合作最好的，才能赢得竞争的胜利。无论是龙舟比赛，还是企业竞争，任何组织想要取得胜利都离不开团队精神。

◇ 发挥团队精神的作用 ◇

团队精神是指一个团队的工作气势和氛围，它用来描述个体或群体在维护共同信仰和目标时，表现出来的努力、斗志和效率。

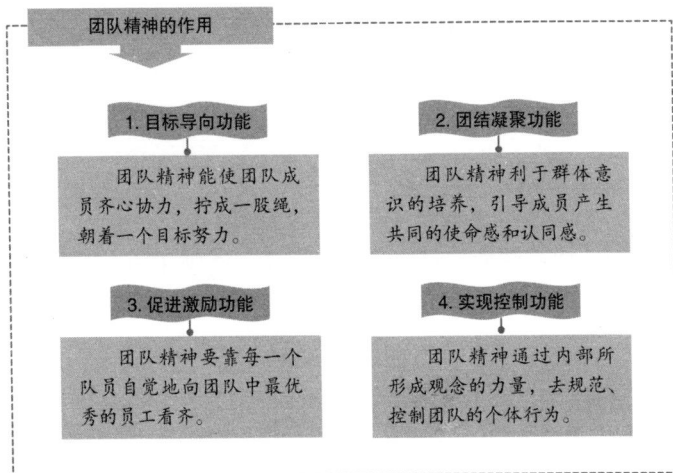

团队精神的作用

1.目标导向功能

团队精神能使团队成员齐心协力，拧成一股绳，朝着一个目标努力。

2.团结凝聚功能

团队精神利于群体意识的培养，引导成员产生共同的使命感和认同感。

3.促进激励功能

团队精神要靠每一个队员自觉地向团队中最优秀的员工看齐。

4.实现控制功能

团队精神通过内部所形成观念的力量，去规范、控制团队的个体行为。

企业活力

团队精神

一个企业或组织如果失去了团队精神，就不可能完成组织赋予的任务，本身也就失去了存在的条件。

德国足球队是世界上最优秀的足球队之一，被誉为"日耳曼战车"。令人惊异的是，在这样一支传统的优秀球队里，极少有个人技术超群的球星。和意大利、英格兰、巴西等国家的球队相比，德国的球员显得平凡而默默无闻。

然而，这并不影响"日耳曼战车"的威力，他们频频在世界级的比赛中获得冠军，打败意大利、巴西、英格兰、荷兰等足球强队，谁也不敢轻视"日耳曼战车"的威力。原因在哪里呢？一位世界著名的教练说："在所有的队伍当中，德国队是出错最少的，或者说，他们从来不会因为个人而出差错。从单个的球员看，德国队是脆弱的，可是他们11个人就好像是由一个大脑控制的，在足球场上，不是11个人在踢足球，而是一个巨人在踢，作为对手而言那是非常可怕的。"

全队拧成一股绳，发挥团队的最大力量——这就是德国队的秘诀！这也正是很多企业和组织能够形成强大竞争力的关键。成功学大师陈安之总结历代成功者的经验，得出的"永恒成功法则"是："胜利靠别人！成功靠团队！"

没有团队精神的企业是缺乏竞争力的，只有具备团队精神的企业，才会形成无形的向心力、凝聚力、战斗力和创造力。

实用指南

团队精神决定着一个企业的凝聚力和竞争力。每个人都要主动加强与同事之间的合作，提高自己的团队合作精神。从老板到员工，各个层级的人应该是团结一致的。只有这样，这个企业的团队精神才最强，才最具有核心竞争力。因此，管理者要使每个人都融入团队中去，而不是单打独斗。

发挥员工的主观能动性

管理精粹

> 管理的方式并不是指挥，而是指导。
>
> ——《后资本主义社会》 德鲁克

精彩阐释

在军队里，多用"指挥"一词，这是因为军队的行动只需要服从上级的命令，而不主张自我创造。德鲁克在提出"管理是指导而非指挥"时，设置了一个极为重要的前提——在知识型组织里。知识型组织的最大特点是创新和创造，这对员工的主观能动性依赖很大。现代社会，所有企业都属于知识型企业，所有管理者都应该学会如何指导，而不是如何指挥。

索尼的老板盛田昭夫是一个懂得"指导艺术"的人。同样，被他提拔的井深大也是这样的人。他们二人创造了索尼的辉煌。

在井深大刚进索尼公司时，索尼还是一个小企业，总共才二十多个员工。老板盛田昭夫信心百倍地对他说："你是一名难得的电子技术专家，你是我们的领袖。好钢用在刀刃上，我把你安排在最重要的岗位上，由你来全权负责新产品的研发，对于你的任何工作我都不会干涉。我只希望你能发挥带头作用，充分地调动全体人员的积极性。你成功了，企业就成功了！"

　　这让井深大感受到了巨大压力。尽管井深大对自己的能力充满信心，但还是有些犹豫地说："我还很不成熟，虽然我很愿意担此重任，但实在怕有负重托呀！"盛田昭夫对他很有信心，坚定地说："新的领域对每个人都是陌生的，关键在于你要和大家联起手来，这才是你的强势所在！众人的智慧合起来，还能有什么困难不能战胜呢？"

　　井深大兴奋地说道："对呀，我怎么光想自己，不是还有二十多名富有经验的员工嘛！为什么不虚心向他们求教，和他们一起奋斗呢？"于是，井深大马上信心满满地投入工作中。就像盛田昭夫放权给他一样，他把各个事务的处置权下放给各个部门，比如他让市场部全权负责产品调研工作。

　　市场部的同事告诉井深大："磁带录音机之所以不好销，一是太笨重，每台大约45公斤；二是价钱太贵，每台售价16万日元（人民币），一般人很难接受。"他们给井深大的建议是：公司应该研发出重量较轻、价格低廉的录音机。

　　井深大让信息部全权负责竞争对手的产品信息调研。信息部的人告诉他："目前美国已采用晶体管生产技术，不但大大降低了成本，而且非常轻便。我们建议您在这方面下功夫。"在研制产品的过程中，井深大和生产第一线的工人团结协作，终于合作攻克了一道道难关，于1954年试制成功了日本最早的晶体管收音机，并成功地推向市场。索尼公司凭借这个产品，傲视群雄，进入了一个引爆企业发展速度的新纪元。

　　井深大取得了伟大的成就，成了索尼公司历史上无可替代的优秀人物。在这个事例中，我们应该注意到最为重要的两个环节：盛田昭夫放权给井深大，井深大放权给其他部门。在充分授权下，索尼公司发挥出了团队的整体作用，调动了每一位员工的积极性，把团队的力量发挥到了极致，从而取得巨大成功。这就是"指导"的力量。

实用指南

管理者如果一味地指挥，让员工没有主动权，一些有能力的员工被牢牢束缚住，那么企业成功的希望就非常渺茫，因为管理者发出的任何指令归根结底都需要每个员工在实践中具体落实。

卓有成效的管理者对自己和下级都要求高质量地进行工作。管理者如果不能严格要求，那么就算他乐于爱护和帮助员工，也不适合做管理者。

如果员工是在被动地、应付式地执行，那么，再好的规程措施都不会执行好。所以，要想指令得到遵守、执行，就必须当好"指导员"的角色，充分发挥员工的主观能动性，让员工主动地去执行指令。

优秀的领导是指挥家

管理精粹

领导就是一种工作。

——《管理未来》 德鲁克

精彩阐释

德鲁克认为，领导是一种被领导者主动授予的地位，并不是自我设定的一种职称和理所当然地被尊敬。领导的实质就是要把企业各项资源所蕴含的力量都挖掘出来，将各种资源真正创造出一个整体。

中石化海南炼油化工有限公司（以下简称"海南炼化"）被誉为中国石化21世纪的样板炼厂。它以最短的时间、最快的速度建成了我国20世纪90年代以来第一个整体新建的环保型炼油厂。它以国内领先的炼油技术运营生产，成为国内单系列规模最大的炼油企业之一。不仅如此，海南炼化创造的奇迹更体现在它运行着一套与老企业截然不同的管理模式，管理体制上的创新构成了海南炼化的最大亮点。

海南炼化以岗论英雄，不唯学历和职称，在岗位面前人人平等。他们取消了干部编制，所有人来到这里都变成了员工，即使是做管理，也仅仅是分工的体现。从2004年4月26日奠基、9月16日开始施工建设，到2006年7月底建成、9月底全面投产，海南炼化创造了无数奇迹。专家给予了设计方案最优化、建设周期最短、工程质量控制最好、开工组织最周密、安全环保最优良等诸多赞誉。

迪克·布朗在1999年1月当上了IT服务业的巨人——电子数据系统公司（EDS）的首席执行官，而在他上任之前，公司庞大的规模和全球化经营使EDS陷入了繁杂的事务中，业务大幅萎缩，连续几年未能达到预期盈利。为了改变这个局面，布朗创立了群体运行机制，以保证业务的成功。

这个群体运行机制中最重要的一项是每月一次的"执行会议"——一个包括来自全球约100个EDS业务主管的电话会议。在会议上，每个单位的月成果和自年初的累积成果都要讨论到，这样很快就可以知道谁做得好、谁需要帮助。到1999年底，群体运行机制表现出效果，业绩由此直线上升。

由此可见，管理与人息息相关，这需要企业管理者设计出一套可以使所有员工公平参与的群体运行体制，这个体制能够使员工发挥所长，避其所短。

实用指南

德鲁克说，管理者就是一个指挥家。"管理"一词有着极其丰富的内涵：不仅要对员工的心理进行梳理，能让员工始终得到激励和愉悦；还要对员工从事的工作进行梳理，能让员工发挥最大优势；更要做好协调工作，让大家心往一处想，劲往一处使。有了这种认识，管理者的管理效能必然实现最大化。

金律四

赢在未来的远见、洞察力与有效决策

战略规划不是预测

管理精粹

> 如果我们一味地预测未来，那只能使我们对目前
> 正在做的事情怀疑。战略规划之所以重要，是因为我
> 们对未来不能准确地预测。
>
> ——《管理：使命、责任、实务》 德鲁克

精彩阐释

为什么说战略不是预测？德鲁克给出两个理由：其一，未来是不可预测的。每个人都可以看一看当前的报纸，就会发现报纸上所报道的任何一个事件都不是10年前所能预测到的。战略规划之所以需要，正是因为未来不能预测。其二，预测是试图找出事物发展的最可能的途径，或至少是一个大致范围。但是企业的发展往往是独特事件，它不在预设的路径或大致范围之内，所以预测往往并不能带来作用。

德州仪器就是一家成功用战略规划主导企业未来发展的典型代表。20世纪80年代前期，德州仪器一直是全球第一大半导体公司，经营范围涉及笔记本电脑、企业软件、打印业务、国防工业、数字信号处理器等多项业务。各个业务板块都发展不错，但不是最好，各业务在全球市场上排名皆在十名左右，只有数字信号处

理器业务在全球排名第一。是维持现状，还是围绕核心业务发展？这是个战略问题。

德州仪器的高层为了企业未来的发展方向多次召开会议，经过慎重选择，他们决定将笔记本电脑、国防工业等业务全部卖掉，将全部精力与资金投在DSP（数字信号处理器）和ANALOG（模拟）领域。他们认为，未来市场竞争将会更加激烈，只有全力竞争才能成功，所以，他们选择了最具有前景的数字信号和模拟领域。这一战略是成功的。在全球半导体公司排行榜中，德州仪器位居世界第三。在通信芯片领域，德州仪器堪称霸主，其全球约50%的GSM手机芯片市场占有率无人能敌。

在德州仪器的战略规划中，战略决策者并没有对未来的竞争动向进行预测，而是强调了为未来的市场竞争所做出的准备：他们砍掉了一些并不能在业内获得领先的业务，而是将资源转移到具有领先优势的业务上，确保优势业务在未来市场上持续领先。从德州仪器可以看出，成功的战略规划并不需要预测，战略规划的立足点是在今天而不是未来，它只要求企业为未来做好行动计划和资源支持。

实用指南

德鲁克认为，战略决策者所面临的问题不是他的组织明天应该做什么，而是"我们今天必须为明天来做哪些准备"，问题不是未来将会发生什么，而是"我们如何运用所了解的信息在目前做出一个合理的决策"。战略规划并不涉及未来的决策，所涉及的是目前决策的未来性。决策只存在于目前。

正确利用趋势而非对抗

管理精粹

善于利用结构性趋势的人很容易获得成功。如果想要对抗趋势，不仅极其困难，也是毫无前途的。

——《巨变时代的管理》 德鲁克

精彩阐释

德鲁克认为，在大多数行业中都可以看到结构性趋势的变化。结构性趋势在短期内对行业的影响微乎其微，但它远比短期性波动重要得多。令人遗憾的是，很多经济学家、政治家和管理者的所有注意力都放在短期波动上。事实上，谁利用结构性趋势，谁几乎就能必然取得成功。

历史上一共经历了三次革命，农业革命、工业革命，以及目前正在进行的信息革命。这是日本软银集团创始人孙正义始终信奉的观点。他认为，在信息化社会的第三阶段，由提供数字化信息技术的微软、英特尔、思科、甲骨文等国际知名企业担纲主演。但是，只有信息化社会的第四阶段来临，提供数字化信息服务的网络公司跃出台面，革命才算是真正成功。那时，信息产业的成长幅度会比现在的个人电脑产业大得多。这是孙正义坚定的"未来趋势判断"。

孙正义的梦想是："当信息化社会进入第四阶段，我希望软银能够名列世界前十大企业。老实讲，我的志向是成为第一，在我心目中只有第一，没有第二。"为实现这个目标，孙正义做了规模宏大的部署。他用别人觉得疯狂的方法，在20世纪的最后六年时间里，投资600多家IT公司。每当孙正义看到有前途的公司，他就猛扑过去，其中对雅虎的豪赌让孙正义一战成名。孙正义的雅虎股票每股投资成本约2.5美元，市场价则冲高到250美元，升值整整100倍。到2000年，软银已成为国际网络业的最大股东。2000年初，软银股价比发行价升值90倍，孙正义身价达到顶峰——700亿美元。

在日本，最大的在线游戏公司、最大的入口网站、最大的电子交易网站、最大的网络拍卖服务，都是孙正义的公司。他曾自豪地说道："在日本，我们就等于雅虎加谷歌加eBay。"孙正义认为，从拨号到宽带，不过是网络革命性改变的第一阶段，手机宽带上网将会是下一个主流。现在，全世界一年卖出2亿台个人电脑，手机的销量是电脑的5倍，手机上网时代的到来是大势所趋。拿到手机上网主导权后，孙正义将要采掘下一个金矿——手机上网购物。孙正义说："这个大趋势刚刚开始。"

孙正义顺应商业发展潮流而独占鳌头。当结构性变化出现时，一如既往的人面临被淘汰的危险，而迅速改变的人将迎来机会。对于任何企业来说，对抗大势必然会失败。

实用指南

德鲁克说，在短期内与趋势抗争非常困难，而且长期与趋势抗争几乎毫无希望。企业管理者应该时刻审视并努力把握未来发展的趋势，以顺势而赢得未来，绝不能因对抗形势而处于被动。

为未来的变化做好准备

管理精粹

　　管理者所面临的问题不是企业明天应该做什么，而是今天必须为未来做哪些准备工作。

　　　　——《管理：使命、责任、实务》　德鲁克

精彩阐释

　　德鲁克说，未来的事都是不可预料的。对于管理者而言，他们更重要的工作不是预测未来的变化，而是要把握住已经发生了的变化。握住已经发生的未来，并采用一套系统的策略来观察并分析这些变化。这才能在制定战略决策的时候看得更高更远，避免鼠目寸光。

　　苹果公司诞生在一个旧车库里，它的创始人之一是乔布斯。苹果的成功，在于他们把电脑定位于个人电脑，普通人也可以操作。这具有划时代的意义。因为在此之前，电脑是普通人无缘摆弄的庞然大物，它不仅需要高深的专业知识，还得花上一大笔钱才能买到手。

　　乔布斯推出了供个人使用的电脑，这引起了电脑爱好者的广泛关注。更为重要的是，苹果公司还开发出了麦金塔软件，这也是软件业一个划时代的、革命性的突破，开创了在屏幕上以图案和符号呈现操作系统的先河，大大方便了电脑操作，使非专业人员也可以利用电脑为自己工作。苹果公司靠着这一系列的创新，诞生不久就一鸣惊人，市场占有率一度超过IT业老大IBM。

进入20世纪90年代以后，网络经济迅速发展，苹果公司未能抓住网络化这一契机，市场占有率急剧萎缩，财务状况日趋恶化，连续两年亏损。苹果公司想出了各种办法，但种种努力都没有产生太大的效果。

就在苹果公司上上下下愁眉不展之际，IT界传出一个令人震惊的消息，微软总裁比尔·盖茨宣布，他将向自己的竞争对手——陷

◇ 如何把握"已经发生的未来" ◇

"已经发生的未来"是德鲁克独创的名词，他指出世界已经进入后现代社会，作为管理者必须走在变化之前，主动提出变革，不要被时代推着走，甚至被时代淘汰。

已发生的未来

基本上是一种不可避免的变化，其实对目前的影响尚未显现出来。

应该在这些领域探索未来

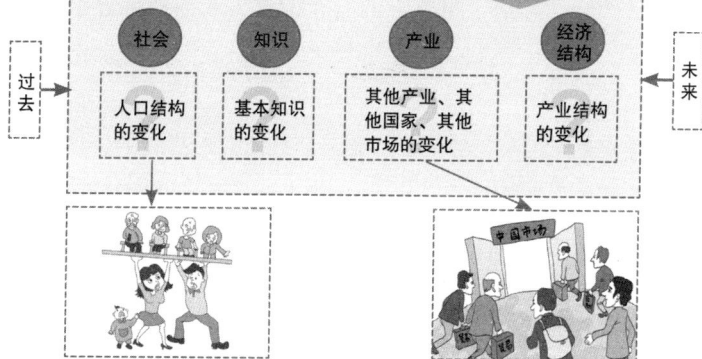

| 社会 | 知识 | 产业 | 经济结构 |

过去

未来

人口结构的变化

基本知识的变化

其他产业、其他国家、其他市场的变化

产业结构的变化

入困境的苹果公司投入1.5亿美元的资金！此语一出，IT界为之哗然。比尔·盖茨大发慈悲了吗？作为世界首富，比尔·盖茨在世界各地捐资。但这一回他不是捐资，更不是行善，他向苹果注入资金是出于商业目的。

因为比尔·盖茨知道，苹果作为曾经辉煌一时的电脑霸主，尽管元气大伤，但它的实力仍然非常强大。在这个时候，很多电脑公司包括微软的一些竞争对手如IBM、网景等，都提出与苹果合作，以达到和微软竞争的目的。显然，如果微软不与苹果合作，对手的力量就会更强。

另外，美国《反垄断法》中规定，如果某个企业的市场占有率超过规定标准，市场又无对应的制衡商品，那么这个企业就必须接受垄断调查。如果苹果公司垮了，微软公司推出的操作系统软件市场占有率就会达到92%，必然会面临垄断调查，仅仅是诉讼费就将超过从苹果公司让出的市场中赚取的利润。

而这时和苹果合作，则可以把苹果拉到自己这一边。苹果和微软的操作软件相加，就基本上占领了整个计算机市场，微软和苹果的软件标准就成了事实上的行业标准，其他竞争对手就只好跟着走了。当然，微软实力比苹果强大，微软不会在合作中受制于苹果。

如果比尔·盖茨只看到了苹果公司衰落对于微软的近期利益，而没有看到苹果的倒闭在未来对于微软的一系列可怕的不利影响，那微软公司必然遭受"城门失火，殃及鱼池"的麻烦。对于未来危机熟视无睹是一个企业衰败的前兆，很多颇有远见的管理者对这方面都是非常重视的。

实用指南

德鲁克说，如果企业不为未来做准备，就要为出局做准备。管理者做决策时如果仅仅是为了眼前利益或一时之局，而对未来发展缺少必要的考虑，企业将付出昂贵的代价，轻则发展迟缓，重则面临倒闭。因此，管理者一定要注意决策的前瞻性，在今天与未来之间搭好桥，避免到时措手不及。

最有价值的战略信息往往来自顾客

管理精粹

> 顾客是企业生存和发展的基础，失去了顾客，企业就失去了生存的条件。
>
> ——《管理的使命》　德鲁克

精彩阐释

德鲁克认为，一个企业本身打算生产些什么样的产品并不具有十分重要的意义——特别是对企业的未来发展和企业的成功来讲，生产的产品是什么并不能起到关键作用。德鲁克指出，顾客想要买的是什么，他们认为有价值的是什么，什么就是具有决定性意义的——这一切决定着什么是一个企业的销售目标，它应该生产些什么，它是否会兴盛起来。所谓的"顾客是上帝"说的就是这个道理。

史玉柱是中国最为传奇的企业家之一。因为创办巨人公司，他曾成为中国内地富豪榜第八名。又因为贸然修建巨人大厦，个人负债2.5亿元，成为中国最著名的失败者。2004年，崛起之后的史玉柱成立征途公司，运作《征途》游戏。到了2006年，月利润直逼亿元大关。

史玉柱的成功来自他对顾客的精准把握。专注地研究顾客，是他与其他企业家之间最大的差异。"规模稍大的企业家，往往今天邀这个政府官员吃饭，明天请那个银行行长打球，他们70%的时间属于'不务正业'。我从不琢磨领导们各有什么爱好，只一心一意研究消费者，这为我节约了很多时间。"

史玉柱关注得更多的是顾客的每一个细微感受。他认为，网络游戏这个行业太年轻、太浮躁，对玩家迷恋什么、讨厌什么，一无所知。他说："每个人的需求都是不一样的。你不能花钱请调查公司去调查，不能拿着一张表在路上拦着人家去打钩，只能去跟他聊天、拉家常。"

为了摸清消费者的实际需求，他先后和600名玩家进行过深入交流，根据玩家的需求设计和增加相应的功能，甚至不惜把行业内陈旧的条条框框打破。

例如，原来所有的游戏中，玩家要升级就必须打怪，既枯燥又累人，让玩家叫苦不迭，更有甚者，在宁波有一个人因"打怪"在网吧猝死。为此，他设计了只要按个键电脑就能自动打怪的装置，即使把电脑关了，它还能自己打。这个变化受到了广大玩家的欢迎。

由于揣摩透了玩家的心理，史玉柱非常自信地说："我敢说，《征途》是所有游戏中最好玩的，没有哪个玩家说不好玩。"

史玉柱对顾客的分析极其到位。他从一开始就把玩家定位为两类人，一类是有钱人，他们为了得到一件在江湖上有面子的装

◇ 顾客需求及企业战略 ◇

战略信息源于顾客，企业只有充分了解顾客需求信息，分析顾客需求层次，并以此来制定企业产品、品牌、营销等相关战略，才能满足客户需求，为客户创造价值，从而实现企业经营目标。

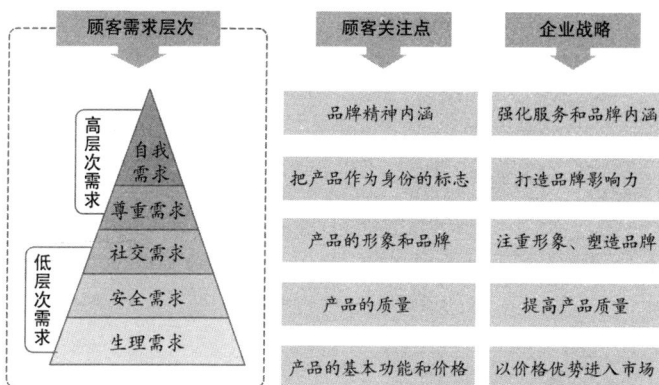

顾客需求层次	顾客关注点	企业战略
高层次需求 自我需求	品牌精神内涵	强化服务和品牌内涵
尊重需求	把产品作为身份的标志	打造品牌影响力
社交需求	产品的形象和品牌	注重形象、塑造品牌
低层次需求 安全需求	产品的质量	提高产品质量
生理需求	产品的基本功能和价格	以价格优势进入市场

不同的公司和品牌，应该针对自身的财力及产品情况衡量、调查、分析，最后再对症下药，看看适合抓住顾客哪个层次的需要，获得公司利润的最大化。

备根本不在意价格是成千还是上万；另一类是没有钱但是有时间的人，如果不用买卡就能打游戏的话，他们没有理由不往《征途》里钻。

根据对各类消费者的需求分析，史玉柱使出为玩家发工资的绝招，"让没钱的人免费玩，让有钱人开心玩，赚有钱人的钱"，甚至可以"养100个人陪1个人玩"。这种免费模式的发展直接刺激了我国网络游戏产业的发展，市场规模增长率以超过70%的速度飞速发展，史玉柱因此获得了至少400亿元的收入。

另外，在进入网络游戏行业之后，商业嗅觉灵敏的史玉柱很快就发现，其实不被这个行业重视的中小城市和农村市场更有发展潜力，那里的消费者并非想象中的那么穷。于是他在其他人反应过来之前，迅速地在全国所有的中小城市和1800个县建起了办事处，并很快建立了绝对的市场优势。

从这个案例中可以看出，市场不是由上帝、大自然或各种经济力量所创造的，而是由顾客创造的。

实用指南

顾客是一个企业的基础并使它能继续存在。正是为了满足顾客的要求和需要，社会才把物质生产资源托付给企业。顾客决定了企业的性质和企业生产什么样的产品，企业的战略制定也应该来自顾客的需求。只有以满足顾客的需要为导向，以占领市场为导向，以不断地创新、不断地发现顾客的需求为导向，企业才能更好地生存和发展。

成功的战略要保持忧患意识

管理精粹

如果不着眼于未来，最强有力的公司也会遇到麻烦。

——《生态愿景》 德鲁克

精彩阐释

德鲁克指出，明天终归要来，并且一定与今天不同。到那个时候，即使是最强大的公司，如果没有为迎接未来做好充分的准备，也一定会陷入巨大的麻烦之中，甚至可能会丧失自己的个性和领导地位，遗留下来的不过是维护大公司运转的高昂开支。对于正在发生的一切，它无法控制也无法理解。

管理者的超前忧患意识，在当今市场条件下尤为可贵。我们从众多企业盛极而衰的变迁中可以看出，企业最好的时候，可能就是走下坡路的开始；产品最畅销的时候，往往也是滞销的开端。

美国百事可乐公司是国际著名的大企业，就是在公司事业如日中天的时候，总经理韦瑟鲁普开始担心汽水市场将会走下坡路，同行业之间的竞争也会变得更加激烈。

如何激发员工的工作积极性，使百事公司的员工们相信，如果他们不拆散这部金钱机器，并重新把它建立起来，百事公司就有可能走向衰亡呢？于是，韦瑟鲁普制造了一场危机。

韦瑟鲁普和销售部经理重新设计了工作方法，重新规定了工作任务，要求年收入增长率必须达到15％，否则企业就会失败，百事可乐公司也将不复存在。

这一要求可能有些危言耸听，但也在一定程度上反映了市场竞争的激烈程度及由此可能会产生的后果。最终，韦瑟鲁普完成其在职业生涯中一次最艰巨的行动，即被他称为"末日管理"的战略。

百事可乐公司的"末日管理"法，充分运用了各类资产，使公司的现有设备得到了最大限度的利用，减少了资金的占用，使得资产的循环周转顺畅起来，一些日常管理的节奏也快速起来，公司的经济效益不断增加，事业也蒸蒸日上。

"末日管理"的核心是企业最好的时候往往是下坡路的开始。要求管理者要有忧患意识，要居优思劣、居安思危、居盈思亏、居胜思败。其目的就是预防危机的到来。

海尔总裁张瑞敏曾说过："没有危机感，其实就有了危机；有了危机感，才能没有危机；在危机感中生存，反而避免了危机。"

实用指南

德鲁克说，由于企业未能着眼于未来，在变革发生时就不得不承受被新情况搞得措手不及这一巨大。这种风险是任何大企业都承受不起而任何小企业都不需要冒的风险。因此，企业管理者有责任以未来的眼光关注企业的战略，从忧患意识上强化战略的预见性和未来性，将危机消灭在萌芽状态。

将行动立足于现有资源及条件

管理精粹

在开始谈论未来之前，我们必须了解目前的状况。因为凡事都需要从现实出发。

——《工业人的未来》 德鲁克

精彩阐释

德鲁克认为，企业的利润来源于市场，市场是企业产生利润的源泉。由此可以联想到，凡事都需要从现实出发，对企业而言，无论是创新产品，还是管理制度改革，都要依据市场的现实需要进行。

　　在20世纪中叶之前，汽车业所遵循的是"福特式"生产管理。这一模式，可以实现规模生产效应，可以最大限度地降低单位成本。比如，在同样的固定费用支出下，每小时生产十辆汽车的成本，显然要低于每小时生产一辆汽车的成本。当然，这一模式有一个前提，那就是企业处于生产导向经营阶段，生产出来的产品都能卖出去，如果卖不出去，生产越快，损失就越大。

　　随着市场需求的多样化和消费者追求个性的意识日渐强烈，生产导向开始向市场导向过渡，大规模大批量的"福特式"生产，日益暴露出其缺陷。比如，制造过程中物流配置不合理，强大的生产能力与市场需求的矛盾十分突出，不开机则罢，开机则是大量产出，产品积压接踵而至。

　　面对这种情况，很多人都在分析"福特式"生产的缺陷，包括通用汽车等汽车厂商。通用汽车公司首创了市场细分，以市场需求为导向，生产出更多品种和款式的汽车，以满足不同消费者的需求。

　　凡事都要从现实出发，还要求企业无论做何种决策或行动，都要立足于现有资源和条件。企业的资源包括几个方面：物质资源、技术资源、管理制度的配备以及人力资源。物质和技术是实行生产的客观条件，管理制度决定了企业的软实力和软环境，人力资源是企业开展一切活动的动力。只有具备这些条件，企业的一切市场行为才能顺利进行。

实用指南

　　德鲁克认为，管理者要一手抓内一手抓外，两手平衡，并相得益彰。对外，通过对市场现实的客观评判，企业能够和市场进行无缝对接，达到有机融合；企业的服务或产品既能满足市场的需要，同时企业还能够从市场上源源不断地获益。对内，通过对各项资源的精准掌握，能够确保企业的决策和行动既不冒进，也不胆怯，能够时时保证企业资源利用最大化、企业收益最大化，从而保持企业的平稳发展。

没有任何一个判断是稳操胜券的

管理精粹

> 没有任何一个判断是稳操胜券的，在所有关于未来的判断中，一定会失败的就是那些"十拿九稳"、"零风险"等"绝对安全"的概念。
>
> ——《成果管理》 德鲁克

精彩阐释

德鲁克认为，对未来的把握充满风险，未来是不可判断的，任何自认为有预见性的行动都可能是错误的，甚至会产生难以承受的风险。因此要想取得对未来的成功，就必须做好失败的准备。失败是对追求者获得成功之前的考验，也是促进快速成功的必备经验。

微软就是一家不断鼓励员工进行创新并允许员工失败的企业。微软公司愿意聘用那些曾经犯过错误而又能吸取经验教训的人。微软公司的前任执行副总裁迈克尔·迈普斯说："我们寻找那些能够从错误中学会某些东西、主动适应的人。"在面试过程中，他们总是问应聘者："你遇到过的最大失败是什么？你从中学到了什么？"

格里格·曼蒂与别人一起在1982年共同创立了爱林特计算机系统公司。

十年后，公司由于入不敷出而倒闭。而微软在1992年12月聘用了曼蒂，任命他为部门主管，负责筹划如何把新技术用来制造消费产品。

微软公司从曼蒂身上发现的不仅是他的技术和管理经验，而且发现他是一个敢用远见打赌的人——即使这种远见付诸东流。微软的人会告诉你：用远见打赌是公司存在的全部。许多远见最终以失败告终，但这并不重要，重要的是他们曾尝试过。

在寻求有远见的冒险者时，微软公司喜欢找寻那些成功地处理过失败和错误的人。一位高层管理人员说："公司接受了很多内部的失败。你不能让员工觉得如果做不成，他们就可能被解雇。如果那样，没有人愿意承担这些工作。"在微软公司，最好是去尝试，即使失败，也比什么都不做好得多。

在微软的亚洲研究院，管理层更是鼓励员工创新。张宏江博士说："我们是研究院，不是新产品开发部或公司的先进技术开发组。我们常说，如果你做十个研究，十个都成功了的话，那就是失败了——因为你没有创意。研究院是对未来的投资，一个对自己未来有信心的公司应当允许它的研究人员理想主义。"

张宏江还指出，研究院可能更看重自己在相关领域方面对学术研究的推动，而并非功利地以产品为中心。

他说："我们发表十篇论文，可能其中只有一篇最终会转化

◇ 决策失误的因素及防范 ◇

任何一个企业决策的失误，都是决策人并没有感觉到有失误情况下的失误。能让决策人自我察知错误、发现陷阱，就可以大大减少决策失误，避免决策失误。

防范决策失误的对策

完善决策体系，企业大小决策都纳入整个决策内容体系中去。

选择科学的决策分析方法，企业大小决策都按照选定的科学决策分析方法制定。

严格决策管理程序，事先确定能最大限度地减少失误的程序，并严格按程序来制定决策。

————————— **造成决策失误的五大因素** —————————

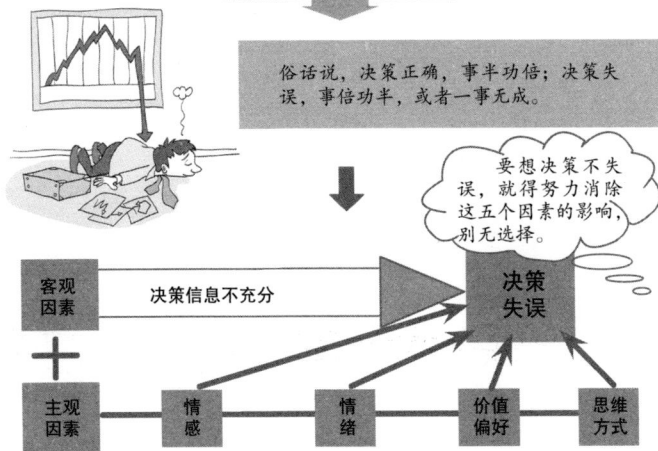

俗话说，决策正确，事半功倍；决策失误，事倍功半，或者一事无成。

要想决策不失误，就得努力消除这五个因素的影响，别无选择。

| 客观因素 | 决策信息不充分 | | | 决策失误 |

| 主观因素 | 情感 | 情绪 | 价值偏好 | 思维方式 |

为微软的产品，但其他九篇使这个领域的研究大大前进了一步，可能影响到未来的几十年，这是我们所看重的。"

实用指南

为什么不能万无一失？德鲁克认为，在所谓的开创过程中，企业很难清楚地知道自己该怎么做，它们既没有方法，也没有可以遵循的促进成功的法则和经验。不要认为万无一失，相反，要认识到开创未来的成功概率可能是万分之一。有这样的心理准备，企业在开创未来的道路上才能更从容一些。

做好手头工作比空想未来更重要

管理精粹

> 预测未来是自找苦吃，做好手头上最有前途的事情，比什么都重要。
>
> ——《动荡时代的管理》　德鲁克

精彩阐释

德鲁克认为，要想做好手头最有前途的事，最好的方法就是为企业制定好合适的短期目标。

这种目标既是立足于企业目前所具有的资源，又能超越企业目前所取得的成就，指引着企业向一个恢宏的前景前进。

已故网球名将亚瑟·艾伦就是一个善于制定短期目标的人。艾伦一生都坚持这样一个理念："每次你订立一个目标，然后完成那个目标，就是一种不断增强自信的过程。"

他经常为自己制定短期目标，一旦达成那个目标，他就再定一个新的目标。

艾伦就是运用这种订立目标的方法，登上了网球王座。他说："我早年的几位教练常制定清楚明确的目标。正是我愿意遵循的。这些目标不见得一定要像赢得巡回赛这么重大，而是将一些有待克服的困难、近期内需要努力的方面定为目标，如果这些目标一个个地实现了，我们距离自己的最终目标就会越来越近，并不是只有赢得巡回赛才可以作为目标。往往一些小目标一个个地达成后，我自己就会意外地发现'嘿！我距离得大奖已经越来越近了'。"

艾伦一直以这种方式参加高难度的比赛。他说："参加巡回赛，你总想进入复赛。比赛时，你总希望漏接的反手球不超过某个数字。或者是你必须锻炼体力到一定的程度，天气太热时，你才不至于很快就感到疲倦。这一类的小目标，可以帮助你将成为世界第一或赢得巡回赛这类的远大目标，分解为几个较易达成的小目标。"

美国通用公司的前任董事长罗杰·史密斯也是这样的人。

在进入通用之初，他只是一个名不见经传的财务人员。罗杰初次去通用公司应聘时，只有一个职位空缺，而招聘人员告诉他，工作很艰苦，对一个新人会相当困难。他信心十足地对接见他的人说："工作再棘手我也能胜任，不信我干给你们看……"

在进入通用工作的第一个月后，罗杰就告诉他的同事："我想我将成为通用公司的董事长。"当时他的上司对这句话不以为然，甚至嘲笑他自不量力，逢人便说："我的一个下属对我说，他将成为通用公司的董事长。"像艾伦一样，罗杰将自己的目标逐步分解为一个个可以实现的短期目标，然后努力地逐一实现它们。令他的上司没想到的是，若干年后，罗杰·史密斯真的成了世界上最大的"商业帝国"通用公司的董事长。

由此可见，一个人只有具备务实的心态，做事脚踏实地，才能找到自我发展的平衡点和支撑点，才能在看似平凡的岗位上取得不平凡的成就。

实用指南

制定科学的短期目标，不仅能够使企业时刻保持目标感，还能使企业在目标的不断实现中收获信心和做好实现更大成就的准备。

真正的成就来自立即行动

管理精粹

我们或许无法获得真正想获得的成就。但如果我们现在立即去做，产品或服务总会找到顾客，也能够赚钱并满足我们的一些期望。

——《成果管理》　德鲁克

精彩阐释

通常，每一个企业在确定好战略目标之后，必然面临一个执行力的问题。企业有了明确、具体的目标，结果却没有完成任务，没有达到目标，这是为什么呢？假如企业的战略规划没有太大的问题，那么问题又出在哪里呢？答案很简单：没有强大的执行力。

因此，执行力的高低是企业铸就高效的前提和保障。子曰："敏于事而慎于言。"对企业而言，与其空想未来，不如把目前的想法付诸行动。

行动的快慢决定了企业组织在达成目标、实现经济利益或者在与对手的竞争中是取得胜利还是失败。

在中国家电企业中，海尔的发展速度是最快的，但与国际大公司相比，张瑞敏承认海尔还存在一定的差距。张瑞敏说："与国际大公司相比，海尔在实力上还有一段距离。海尔产品在美国、欧洲市场上升很快，虽然我们有很多地方不如国际大公司，但我们是依靠速度去竞争、去取胜的。"

以速度求胜是海尔人的共识，在海尔到处可见的一条标语令人印象深刻——"迅速反应，马上行动。"这是海尔要求每一位员工必须具备的工作作风。海尔的员工们都说，这八个字体现了海尔的市场观和服务观，也浓缩了海尔企业文化的力量。海尔人正是靠着高速度、高效率来赢得客户和市场的。

其实，不只在海尔，很多企业管理者都会有这样的共识，凡是发展快且发展好的世界级公司，都是执行力强的公司。比尔·盖茨曾坦言："微软在未来十年内，所面临的挑战就是执行力。"IBM前董事长兼首席执行官路易斯·郭士纳也认为，一个成功的公司管理者应该具备三个基本特征，即明确的业务核心、卓越的执行力及优秀的领导能力。

实用指南

德鲁克认为，只要对工作专注、用心以及坚持"速度第一"，你就一定能有效提高自己的执行力。

首先，对工作专注、用心是做好任何事情的前提条件，在执行工作任务时，先把心思集中到如何快速、高效完成任务的思考上来。其次，执行力高低的一个衡量尺度是快速行动，因为速度现在已经成为决定成败的关键因素。当然快与慢是辩证的，因为快速执行并不是要求你为了达到目标而不计后果，并不是允许任何人为了抢速度而降低工作的质量标准。迅捷源自能力，简洁来自渊博。员工的快速执行首先要建立在强大的思维能力基础之上。杰出的员工能够不断探寻业务模式和事物的因果关系，能够尝试从新的角度看问题。

主动承担开创未来的责任

管理精粹

> 管理者如果不想做一个平庸的管理者，就应该承担开创未来的责任。
>
> ——《成果管理》　德鲁克

精彩阐释

德鲁克认为，即便开拓未来具有很大的风险，但与墨守成规相比，这种风险依然小得多——墨守成规会使企业很快走上死亡的道路，而开拓未来会为企业赢得机会。

1993年2月，李健熙到美国洛杉矶考察，目睹了三星的产品在国外的境遇。他去了很多电子卖场和大百货商店，看到三星的电子产品都被放在不起眼的角落，因无人问津而落满灰尘。而索尼

◇ 战略规划贵在执行 ◇

战略制定和战略实施之间的脱节常使有效的规划得不到有效执行。比较而言，战略制定不是最难的，更重要的是执行。换言之，当前企业面临的最大挑战就是如何将自身的战略转变为实际行动。

战略执行五项原则

原则一：把战略转化为可操作的行动

原则二：使战略协同化

战略执行

原则五：高层领导推动变革

原则三：让战略成为每一个人的日常工作

原则四：使战略成为持续的流程

目标——执行！！

企业的经营环境日趋复杂，战略执行比战略制定更加重要。如果执行力缺失，再完美的策略也会随时崩溃。战略不能落地已成为制约企业可持续发展的瓶颈。

的产品位置摆得却很显眼，买的人也多。李健熙当场就买了几个样品，回来后拆开发现，三星产品的零件比别人的多，价格却便宜20%。这就意味着三星的成本比竞争对手高，却卖不出好价钱。

国际市场把三星产品视为二流货，无疑给三星领导层以强烈的刺激。当时身为会长的李健熙扪心自问："我们离21世纪只有七年的时间了，世纪之交世界将会发生多少变革？走向21世纪的三星将如何立足于世界？"

美国之行结束后，李健熙随即决定，在三星进行一次天翻地覆的变革。他一气呵成写出《三星新经营》一书，作为企业未来发展的行动指南。他在该书的开篇提出"变化先从我做起"的口号，并作为三星的企业哲学和奋斗精神。号召公司以人才和技术为基础，创造最佳产品和服务，为人类社会做出贡献，积极投身到消费者中，认识并且迎接来自全球的挑战，为全人类创造更加美好的未来。

要实现美好的设想，必须脚踏实地从一点一滴做起。哪里才是突破口呢？李健熙一针见血地指出，在全球一体化时代，品质就是企业竞争力的准绳，直接关系到企业的生死存亡。"三万个人搞生产，六千个人搞售后服务，这样的企业拿什么和人家竞争？由品质问题找出原因，想办法解决，要让我们的产品达到一流水准。哪怕把生产线停下来，哪怕会影响我们的市场份额。"

为此，他在"新"经营理念中，特别强调以质量管理和力求变革为核心，彻底改变当时盛行的"以数量为中心"的思想。

李健熙先后同三星的1800多名中高层人员一起召开会议，并于1993年6月7日在德国法兰克福提出了"新经营"宣言，以破釜沉舟的勇气吹响了"新经营"的号角。

"新经营"使三星步入了以品质取胜的良性发展轨道，创造出了三星崭新的企业文化。

1997年的亚洲金融危机，使得大宇、起亚等不少当年与三星齐名的大企业先后倒下，然而"身强体健"的三星却挺了过来，并在国际市场上脱颖而出。时至今日，三星品牌已经成为世界上最具影响力的品牌之一。

由此可见，引领企业赢得未来，是管理者最为重要的责任之一。

实用指南

在德鲁克看来，开拓未来是管理者义不容辞的责任，也是管理者从优秀走向卓越必上的一堂课。在市场经济飞速发展的今天，很多管理者都有这样的体验：变化是唯一不变的真理。企业只有跟随市场的变化而变化，自身才能具有竞争力。

金律五

企业必须成为变革的原动力

变革能使企业获得动力

管理精粹

> 变革往往能够使企业获得动力。
>
> ——《下一个社会的管理》 德鲁克

精彩阐释

德鲁克认为，使企业成为变革原动力的真正用意在于通过这种定位而使企业的心态产生改变，让组织不再把变革视为威胁，而将其当作机会。

当初，苹果公司盛极一时，以激情和创新享誉全球。随着乔布斯的离开，经历了从辉煌走向衰落的过程。是什么原因促使苹果公司发生如此令人遗憾的变化？我们应该注意的是，苹果公司的产品品牌并没有出现致命硬伤，技术实力并没有消失，显然，品牌和技术并不是影响苹果公司发展的障碍。

很多管理者将苹果的衰败归结为组织激情——尽管品牌没有变化，技术实力没有变化，其他资源条件没有变化，但组织的激情消失了，组织发展的动力失去了，组织的品牌、技术和其他资源成了摆设，未能产生最大效用，衰败就难以避免。

这一局面后来随着乔布斯的回归得以扭转。回归后的乔布斯对组织进行了多项变革，不但重塑创新战略的核心地位，而且对

◇ 变革管理流程及措施 ◇

当组织成长迟缓，内部不良问题产生，无法适应经营环境的变化时，企业必须做出组织变革策略，将内部层级、工作流程以及企业文化，进行必要的调整与改善管理，以使企业顺利转型。

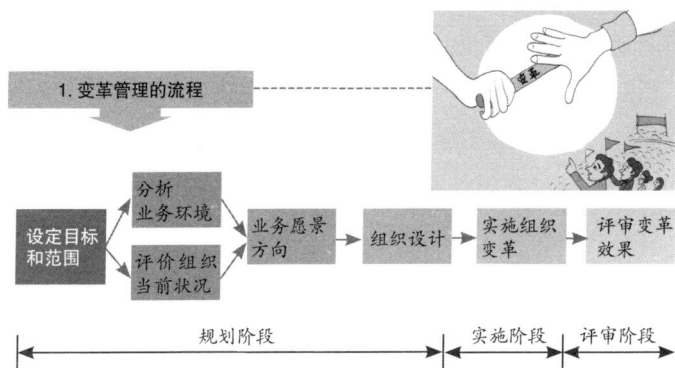

1. 变革管理的流程

```
设定目标     →  分析        →  业务愿景   →  组织设计  →  实施组织  →  评审变革
和范围          业务环境        方向                        变革        效果
             →  评价组织
                当前状况
```

├──────────── 规划阶段 ────────────┤── 实施阶段 ──┤─ 评审阶段 ─┤

2. 有效的变革管理

要保障组织变革过程的成功，必须有相应的、完善的管理措施。

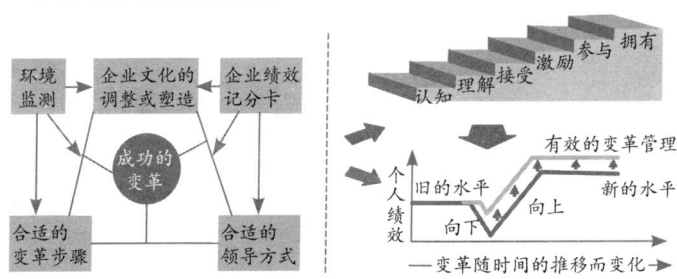

```
环境       企业文化的    企业绩效
监测       调整或塑造    记分卡

         成功的
          变革

合适的                 合适的
变革步骤                领导方式
```

```
                                  拥有
                             参与
                          激励
                       接受
                    理解
                 认知

                              有效的变革管理
个人
绩效    旧的水平                     新的水平
              向下    向上
       ——变革随时间的推移而变化——➤
```

重要岗位的人事进行了调整。伴随着乔布斯一项项变革举措的推出，苹果公司重获激情，重新进入上升式发展轨道。

由此可见，企业往往能够通过主动变革获得巨大的前进动力。

实用指南

卓越的管理主要由技术、机制或规划构成。这只是管理的一方面，其实在卓越的背后，还有更为本质的因素：员工的激情、团队的激情和企业的激情。一个有激情的组织必然是战斗力出众的组织，当组织遇到挫折、困难和危险时，会自动调整自己的资源配置和行为方式加以应对。相反，缺乏激情的企业往往毫无斗志。因此，企业管理者要善用变革来激发员工的激情，使组织始终处在一个活力四射的氛围之中。

恐惧是抗拒变革的根源

管理精粹

拒绝变革源于无知和对未来的恐惧。

——《管理：使命、责任、实务》 德鲁克

精彩阐释

德鲁克认为，如果企业内部自我认为"企业现在这种良好形势会一直保持下去，只要我们做好本职工作，企业就能长盛不衰"，那么这家企业就离倒闭不远了。因为这种思想会在企业内部形成一种不思进取、保守的企业文化，会使企业失去活力，逐渐僵化，从而使企业走向没落。

在强生公司开发出泰诺之前，独霸美国解热镇痛市场的是史特灵制药公司的拜阿司匹灵。作为史特灵制药公司的主打药，在半个多的世纪里一直是美国解热镇痛市场的统治者。为了不至于削弱市场主导地位，史特灵制药一直没有把Panodol引入美国市场，该药属于非阿司匹林的解热镇痛剂，是其在欧洲市场上的主打药。

史特灵制药公司这种保守的做法延误了其发展良机。随着泰诺的问世，史特灵制药公司的市场地位与日俱下。史特灵制药公司的保守思想使其将市场发展机遇拱手让给对手。尽管市场已经发出了明确的信号——是换一种新策略的时候了，史特灵还是把自己封闭在原有的框框中。失败已经难以避免。最终，史特灵制药公司被伊士曼柯达公司收购。

山西票号一度执中国金融界之牛耳，在其长达百余年的发展历程中，辉煌与盛誉始终相伴，闻名中外。然而，在清末经济危机的困扰下，在与现代银行的竞争中，山西票号走向衰落，一蹶不振，最终退出历史舞台，成为旧时中国记忆中的历史场景。

在山西票号谢幕之前，并非没有改革之机遇。山西票号在外国银行来华之后，尤其是在遭遇到中国官商银行的市场竞争之后，部分亲身感到竞争压力的分号经理首先意识到了票号实行制度创新、向股份制现代银行转变的必要性。主要代表人物当数蔚丰厚票号京都分号经理李宏龄，他曾于1908-1909年间数次向平遥各总号大掌柜力陈改组银行之利弊，呼吁实施从票号向现代银行的改革。

由于平遥各总号大掌柜长期居于高墙之内，关于现代银行的信息接触较少，无法及时掌握未来发展的趋势，加之各号总经理一般都较为传统，旧体制的保守思想根深蒂固，对新生事物充满敌意，甚至坚决反对。最终，李宏龄的改革呼吁因为大掌柜的置之不理而不了了之，票号丧尽失改革良机。

这正如张瑞敏所讲，"创新的成果都是暂时的，只能是相对的，今天的成果明天不一定是成果，所以你这个成果在别人打倒你以前，自己先否定自己，只有自己不断打倒自己，才能永远不被别人打倒。"

实用指南

在市场经济飞速发展的今天，很多管理者都会有这样的体验：变化是唯一不变的真理。《鬼谷子》中说："变化无穷，各有所归，或阴或阳，或柔或刚，或开或闭，或弛或张。"企业要因时、事、势而变，及时地调整战略。

企业密切注意市场变化，预测商品的多寡贵贱。企业要随天时、机遇的变化而变化，随市场而变化。战略上是否随世而变，产品是否及时更新换代，都关系到生意的成败。凡是业务范围较大、经营得法的企业家，大多是这方面的行家里手。

套用 IBM 广告词"随需应变"，要把一个企业做大做强，就要随市场而变，无论心理上还是投资策略上，都要随市场的变化及时做出适应市场的调整。

做好准备，等待机遇

管理精粹

> 当天堂的甘露如雨水般降落时，一些人撑起了雨伞，另一些人则找来大汤匙。
>
> ——《动荡时代的管理》 德鲁克

精彩阐释

有人问爱因斯坦为什么能够成功，是怎么抓住机遇的。爱因斯坦说，机会只青睐那些有准备的头脑。

准备是一切工作的前提。只有充分准备才能保证工作得以完成，而且做起来更容易。拿破仑·希尔说过，一个善于做准备的人，是距离成功最近的人。一个懂得准备、善于未雨绸缪的员工才能及时抓住成功的机会，这样的员工当然也是老板眼中的优秀员工。

安娜在一家服装公司做销售工作，业绩一直不错。可是公司为了开拓第三市场，决定减少服装的生产量，裁减员工，以达到压缩成本的目的，资金转向了第三产业——房地产业。现在，所有员工都面临着被裁的危险，人人自危。销售岗位要裁去一半人员，这不能不让所有销售人员心里都打起鼓来。大家平常工作都差不了太多，谁走谁不走呢？

面对这种情况，安娜镇定自若，似乎并没有太在意。最后的结果是销售部人员走了一半，副主管也被辞退了，安娜却升了职。原来，安娜在平常的工作中，十分注意整理所有客户的资料，还利用业余时间学习编程工作，为公司建立了一个庞大的数据库。这个数据库的建立为销售渠道的正规化提供了科学的依据，大大提高了工作效率。早在一个月前，安娜就向主管拿出了这个数据库，得到了认可，正在等待讨论通过与实施。

升职后的安娜除了将销售方式正规化外，还积极联系国外的销售客户。当第一次与意大利出口商签单时，总经理发现安娜能用流利的意大利语与客户交谈，不禁对她另眼相看。不久，安娜升为副总经理，成为这家公司的骨干，在销售领域无人可以替代。

机遇是位公正的女神，没有一丝一毫偏私，谁为迎接她做好了充分准备，她就属于谁。

曾有人这样形容现代职业人的竞争环境："每条跑道上都挤满了参赛选手，每个行业都挤满了竞争对手。"在人满为患的跑道上和拥挤的行业竞争通道中，怎样才能成为一匹黑马，成为令人羡慕的领跑者呢？最简捷的方法就是比别人早一点做好准备。

俗话说："春耕莫等东方明，插秧莫等鸡开口。"生活中丰衣足食、工作上一帆风顺的人都是比别人早走一步的，但是提前做好准备的精神在现实中已经被人们忽视了。在上面的案例中，安娜的工作业绩一直不错，表面上看和大家没有什么区别，实际上，安娜已经在平时一点一滴地做好了许多能够增加自己价值的准备。无论是编程还是客户的积累，以及意大利语的学习，都是其中的一部分。这并不能证明安娜的智商比其他人高多少，却证明了安娜重视准备的一种态度。正是因为具有了这种态度，安娜才成为这家公司最不可替代的人。

一位哲人说，你永远不可能比别人多长一个脑袋，但预先准备，能使你变得不可替代。提前预备得越早、准备工作做得越充分的人，成功的可能性就越大，我们常说的"养兵千日，用兵一时"，就是一种准备的哲学。

实用指南

"每个人的一生，至少都有一次受到幸运女神垂青的机遇，一旦幸运女神从大门进来后，发现没人迎接，她就会转身从窗子离去。"卓有成效的管理者都知道这样一个道理，那就是机遇只会降临到有准备的人身上。

◇ 为成功做准备 ◇

"凡事预则立，不预则废。"无论大事小事，要想成功，必须预先做好准备。准备是成功的条件、是过程，成功是准备的目标、结果。

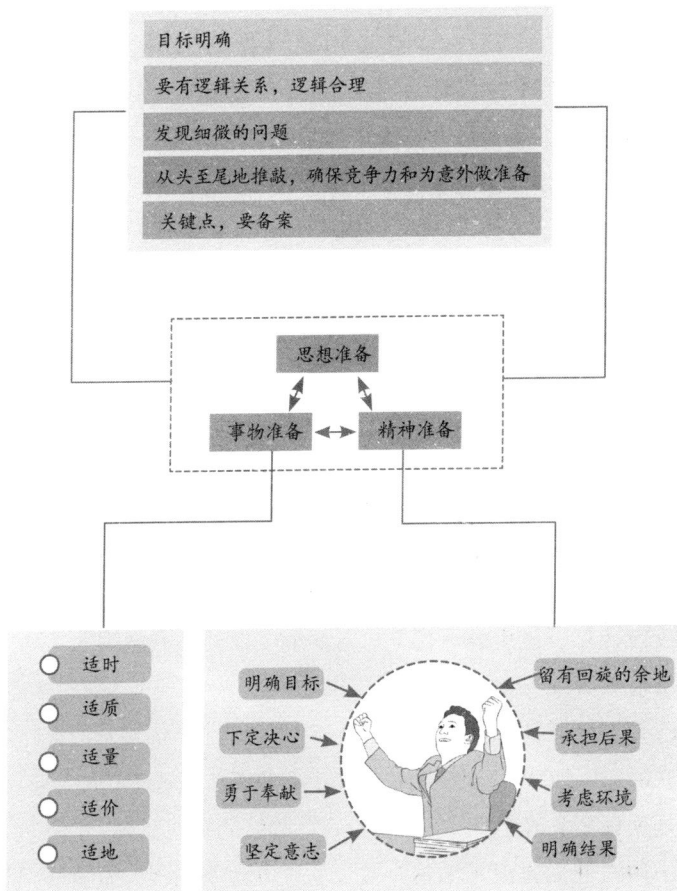

目标明确

要有逻辑关系，逻辑合理

发现细微的问题

从头至尾地推敲，确保竞争力和为意外做准备

关键点，要备案

思想准备

事物准备 ↔ 精神准备

适时
适质
适量
适价
适地

明确目标 →
下定决心 →
勇于奉献 →
坚定意志 →

→ 留有回旋的余地
→ 承担后果
→ 考虑环境
→ 明确结果

在自己最擅长的领域发动变革

管理精粹

> 成功变革的首要良机就是要发掘自身的成就，并将变革建立在已经取得的成就上。
>
> ——《21 世纪的管理挑战》 德鲁克

精彩阐释

将变革建立在已经取得的成就上，就是要求企业要基于自己的优势资源进行变革。孙子也曾说："无所不备，则无所不寡。"意思是："处处防备，就处处兵力薄弱。"无论是德鲁克还是孙子，言外之意都是要发挥自己的长处，而不是掩饰自己的短处。对于企业不太擅长的领域，尽量避免花费力气。

1981 年，通用电气旗下仅有照明、发动机和电力 3 个事业部在市场上保持领先地位。2001 年，杰克·韦尔奇退休时，通用电气已有 12 个事业部在各自的市场上数一数二。如果它们能单独排名的话，那么，通用电气至少有 9 个事业部能入选 500 强企业之列。这是杰克·韦尔奇推行"数一数二"战略的辉煌成果。

1981 年，杰克·韦尔奇上任后，开始不断向投资者和下属宣传他的"数一数二"经营战略。他认为，未来商战的赢家将是这样一些公司："能够洞察到那些真正有前途的行业并加入其中，并且坚持要在自己进入的每一个行业里做到数一数二。无论是在精干、高效，还是成本控制、全球化经营等方面都是数一数二。80年代的这些公司和管理者如果不这么做，不管是出于什么原因，传统、情感或者自身的管理缺陷，在1990年将不会出现在人们面前。"

"数一数二"战略开始的时候并不被人们理解。在20世纪80年代，只要企业有盈利就足够了。至于对业务方向进行调整，放弃那些利润低、增长缓慢的业务，转入高利润、高增长的全球性行业，这在当时根本不是人们优先考虑的事情。当时无论是资产规模还是股票市值，通用电气都是美国排名第十的大公司，它是美国人心目中的偶像。整个公司内外，没有一个人能感觉到危机的到来。

其实，当时美国的市场正被日本一个一个地蚕食掉：收音机、照相机、电视机、钢铁、轮船以及汽车。通用电气公司的很多制造业务的利润已经开始萎缩。而且80年代美国的经济处于衰退状态，通货膨胀严重，石油价格是每桶30美元，有人甚至预测油价会涨到每桶100美元。这对通用电气公司的制造业也是个冲击。

杰克·韦尔奇认识到，把通用电气公司的弱势业务转给外边的优势企业，两者合并在一起，这对任何人都是一个双赢的结局，比如把空调业务出售给特兰尼。特兰尼在空调行业中占据领先位置，合并后，原通用电气公司空调部门的人员一下子成了赢家中的一员。

韦尔奇的"数一数二"战略使通用公司很快摆脱困境，走向成功。

韦尔奇的这种战略体现的正是基于自身优势进行变革的思维方式。

实用指南

只有基于自身优势进行变革，企业才不会在不擅长的领域浪费精力，而会一直专注于最擅长的领域，获得持续的成功。

知识的最大特点就是不断变化

管理精粹

> 每一种知识最终会因为过时而变成错误的知识。
>
> ——《成果管理》 德鲁克

精彩阐释

德鲁克认为，知识的真相就是每一种知识都会变成错误的知识。知识如同新闻一样，当你还沉湎于昨天的事件中时，那个事件已经成为历史。

作为全球最成功的企业之一的微软公司的总裁，盖茨非常喜欢微软公司文化中的一条："每天早晨醒来，想想王安电脑，想想数字设备公司，想想康柏，它们都曾经是叱咤风云的大公司，如今它们都烟消云散了。有了这些教训，我们就常常告诫自己——我们必须创新，必须突破自我。我们必须开发出那种你认为值得出门花钱购买的Windows或Office。"

计算机领域有一个人所共知的"摩尔定律"，它是由著名的芯片制造厂商——英特尔公司创始人之一戈登·摩尔经过长期观察后，于1965年4月19日提出的。"摩尔定律"基本定理：集成电路数目每隔18～24个月就翻一番，微处理器的性能也将提升一倍。换言之，每一美元所能买到的电脑性能，将每隔18～24个月翻一倍以上。

盖茨历来以悲观的论调谈论微软，即使是在微软最鼎盛的时期，他也一再强调微软离破产只有18个月的时间。当微软利润超过20%的时候，他强调利润可能会下降；当利润达到22%时，他还是说会下降；到了今天，他仍然说会下降。他认为这种危机意识是微软发展的原动力。微软著名的口号是：不论你的产品多棒，你距离失败永远只有18个月。

盖茨的危机意识来源于对知识过时的担心。正是因为这种危机感，使微软找到了持续发展的必由之路，那就是不断创新。事实上，盖茨一直都没有停下创新的脚步，无论在任何场合，只要是软件能发挥效益的地方，他都会让微软顾及到。微软为手表开发软件、为电话开发软件，电视机、汽车上也有微软的产品。不过，这些东西有的需要很长时间才能被大众接受。例如微软为有线电视网络开发的软件直到最近几年才开始赢得大量的客户，而相应的开发工作历时已超过了十年。

无论是盖茨的忧患意识，还是摩尔定律，都警示了更多的企业管理者：竞争时代瞬息万变，任何一个企业稍稍疏忽就将面临破产。正如硅谷一家经营者说的那样："你永远不能休息，否则，你将永远休息。"

永远追求新知是企业管理者必须具有的意识和习惯，只有这样，企业才能永续发展。

实用指南

对于管理者而言，下面这个问题始终应该提出来：我们还需要什么，或者我们是否需要某种不同的东西？言外之意，企业应在高度警醒下不停地学习。

只有卸下昨天的包袱，才能拥有明天

管理精粹

> 企业往往不愿意放弃昨天的束缚，因而也就无法获得明天可以利用的资源。
>
> ——《动荡时代的管理》 德鲁克

精彩阐释

德鲁克认为，企业要敢于抛弃过去。事实上，企业只有卸下昨天的包袱，才能更好地创造明天。

1947年，美国著名的贝尔实验室发明了晶体管。许多专家都将这看作一次伟大的发明，因为与当时主流的电子管相比，晶体管具有体积小、耗电少等优点，他们都认为在电子行业的未来发展中电子管将被晶体管所取代。

当时正在世界电子市场上处于领先地位的几大企业，比如美国无线电公司、通用电气公司、荷兰飞利浦公司，它们对晶体管并不感兴趣，虽然它们隐约也感到晶体管似乎更能代表未来，但它们觉得目前对这个新产品给予过多的关注似乎意义不大。

这就是大公司的通病——潜意识中过于相信自己在市场上的

◇ 以变革谋求竞争力 ◇

1.优秀企业为什么会失败

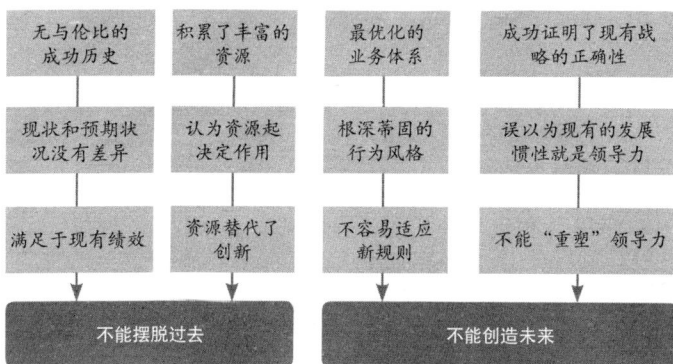

无与伦比的成功历史	积累了丰富的资源	最优化的业务体系	成功证明了现有战略的正确性
现状和预期状况没有差异	认为资源起决定作用	根深蒂固的行为风格	误以为现有的发展惯性就是领导力
满足于现有绩效	资源替代了创新	不容易适应新规则	不能"重塑"领导力

不能摆脱过去

不能创造未来

2.如何通过变革谋求竞争力

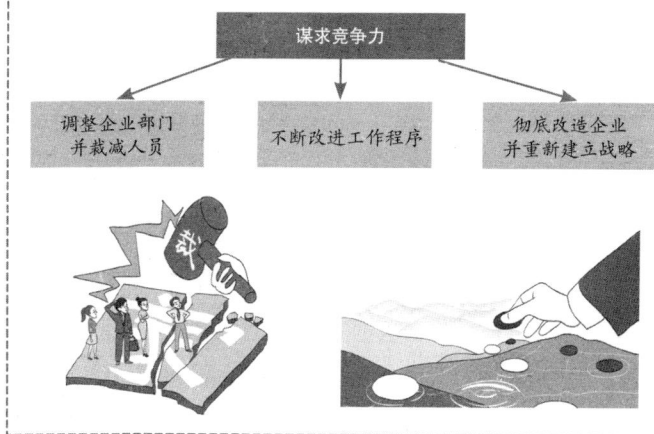

谋求竞争力

调整企业部门并裁减人员

不断改进工作程序

彻底改造企业并重新建立战略

影响和地位，对顾客的需求变化不够关注，由于自己在目前市场上投入了很多并有强大的优势，所以不愿意轻易为某种出现的具有革命性意义的产品进行自我调整和改变。

正所谓老虎也有打盹的时候，大公司的自我膨胀给了索尼发展机遇。当时的索尼公司不像现在如日中天，只是一个名不见经传的小公司。

索尼的掌舵人盛田昭夫知道了晶体管被发明出来这个消息后，第一时间联系了贝尔实验室，仅仅用不到三万美元的价格购买了技术转让权。

盛田昭夫认为，电子管和晶体管都是电子产品的基础配件，它们是彼此的替代品，按照一般规律，越先进的产品就越受欢迎，电子管代表的是过去和目前，晶体管代表的一定是未来。晶体管的使用能够减轻电子产品的重量，并使产品的带电时间增长，这符合了消费者希望电子产品越来越轻、越来越省电的消费期望，必然会得到消费者的认可和欢迎。

盛田昭夫相信，晶体管必然会为电子行业带来革命，谁最先占据晶体管市场，谁就把握了未来的需求，谁就能在市场中处于主动位置。

盛田昭夫的远见在市场中得到了印证。在盛田昭夫的大力推动下，在获得晶体管技术转让权的两年之后，他们率先推出了首批便携式半导体收音机。与当时市场上流行的电子管收音机相比，它们功能相当，但索尼收音机的重量不足其他产品的1/5，价格只是它们的1/3。索尼收音机大受欢迎，席卷市场。

三年后，索尼收音机在美国本土打败了美国无线电公司和通用电气公司，成为美国市场上的王者。五年后，索尼收音机在国际市场上没有对手，是国际市场的王者。

不能放下昨天，就不会拥有明天。这正是索尼战胜美国无线电、通用电气等所带来的重要启示。

实用指南

德鲁克说，我们现今处在动荡不安的时代，变革是常态。不能放下昨天就等于把组织里最有价值的资源和最优秀的人才，继续投到毫无效果的事情上。抛弃昨天意味着要把投注到无效领域的资源释放出来。除非一个组织认定主导变革是它的任务，否则这个组织就不可能存活下去。在一个结构快速变迁的时代，唯有变革才能存活。

管理者的判断力是制胜的先决条件

管理精粹

我们需要先看清未来的发展模式。

——《成果管理》　德鲁克

精彩阐释

德鲁克说，要使企业有未来，人们必须愿意做新奇的事情，并且必须愿意提出这样的问题：我们真正想看到的，与今日极不相同的东西是什么？人们必须看清未来的发展模式，并愿意相信这是正确的。

因正确判断未来的发展趋势而获得商业成功的事情在各行各业都有发生。

比如在汽车业发展的早期，当汽车这种产品作为一种奢侈品在高端市场拼得你死我活的时候，福特坚持降低汽车的销售价格，他认为汽车不应该是一种奢侈品，而应是一种生活必需品；当百货商场固守城市市场时，沃尔玛的创始人山姆从一个偏僻的小镇起家，并认为小城镇同样能够支持大型超市的发展；当照相机刚刚被发明出来的时候，柯达的创始人伊士曼就认为这个时尚的玩意儿将来必定会家家拥有。

哈默是美国著名的企业家。1931年，他从苏联回到美国。当时的美国正在如火如荼地进行总统换届选举，罗斯福是总统候选人之一。哈默经过一段时间的观察和判断，他认为最终罗斯福会取胜。哈默知道，罗斯福喜欢喝酒，他一旦竞选成功，1920年公布的禁酒令就会被废除。到那时，威士忌和啤酒的生产量将会十分惊人，市场上将需要大量的酒桶用以装酒。

这里面蕴藏着巨大商机。用来制作酒桶的木材非一般木材，而是经过特殊处理的白橡木。哈默在苏联生活多年，他知道苏联盛产白橡木，于是立即返回苏联去订购白橡木板。他将这些木材运到美国，在新泽西州建造了一个现代化的酒桶加工厂，取名哈默酒桶厂。这个酒桶厂开业的时候，"禁酒令"尚未解除，所有人都觉得他是个疯子。然而，当哈默的酒桶生产线日趋成熟的时候，新任总统罗斯福下令解除了禁酒令。酒桶的需求一下子被激发出来，哈默因此大赚了一笔。

综观当代市场，竞争日趋激烈。企业要制胜市场，何者为先？人才、资金、装备、信誉、信息、机遇，这些都是企业获得成功的必备要素。然而，哈默的成功经历告诉我们，制胜市场的先决条件是管理者的判断力。

实用指南

在德鲁克看来，只有具有远见卓识的创业者，才能在扑朔迷离的市场中把握成功的关键，才能在纷繁复杂的思绪中找准制胜的契机。在企业发展中，只有把握住趋势，才能使企业走在时代的前列。

跟上潮流，积极拥抱信息革命

管理精粹

电子商务深刻地改变着经济和市场的结构，改变着产品和服务的流通，也改变着消费者的价值观念和消费行为。

——《未来社会的管理》　德鲁克

精彩阐释

德鲁克说，信息革命的革命性影响源自电子商务，即互联网作为推销渠道的出现。

阿里巴巴和淘宝网是全球最著名的两大电子商务网站。这两个网站的创办和崛起有力地说明了创始人马云对信息产业未来发展趋势的精准把握。尤其是阿里巴巴的创办，在当时的中国，"互联网"这个词语尚不被大多数中国人所熟知，马云创办电子商务网站的举动充分反映了马云高人一筹的眼光和视野。

大学毕业后，马云当了六年半的英语老师。其间，他成立了杭州首家外文翻译社，用业余时间接了一些外贸单位的翻译活儿。

1995年，"杭州英语最棒"的马云受浙江省交通厅委托到美国催讨一笔债务。结果他钱没要到一分，倒发现了一个"宝库"——在西雅图，对计算机一窍不通的马云第一次上了互联网。

刚刚学会上网，他竟然就想到了为他的翻译社做网上广告。上午10点他把广告发到网上，中午12点前他就收到了六封电子邮件，分别来自美国、德国和日本，说这是他们看到的有关中国的第一个网页。"这里有大大的生意可做！"马云当时就意识到互联网是一座金矿。

人类的发展趋势越来越便捷，互联网这个新事物能够消除地域空间的阻碍，提升信息传递的速度和效率。因此，马云断定互联网一定能够影响未来，人们将因为互联网而做出许多改变，其中也包括做生意的方式。

回到杭州的马云身上只剩下一美元和一个疯狂的念头：创建互联网网站。马云的想法是，把中国企业的资料集中起来，快递到美国，由设计者做好网页向全世界发布，利润则来自向企业收取的费用。

马云创办了中国第一家互联网公司——海博网络，产品叫作"中国黄页"。在早期的海外留学生当中，很多人都知道，互联网上最早出现的以中国为主题的商业信息网站，正是"中国黄页"。所以，国外媒体称马云为中国的Mr.Internet。十年后，阿里巴巴成为世界上最大的电子商务网站，有人在总结马云的成功时用了这样一句话：领先趋势并驾驭趋势。

直到今天，任何人都无从知道电子商务在什么时候才能不火。因为把握住了未来的交易形式，亚马逊、淘宝网等电子商务网站每天都在高速增长，每秒都在流进黄金。企业的创办团队不仅获

◇ 互联网的发展及企业变革 ◇

互联网已经渗透到企业运营的整个链条中，未来的企业要互联网化，每家企业都要有互联网的思维。在未来不用互联网方式思考问题，就没办法在社会上展开竞争。

互联网对企业的影响

互联网对传统企业的影响正逐步从传播、渠道层面过渡到供应链及整个价值链，从把互联网作为工具，到以互联网思维设计产品，进而运营企业。

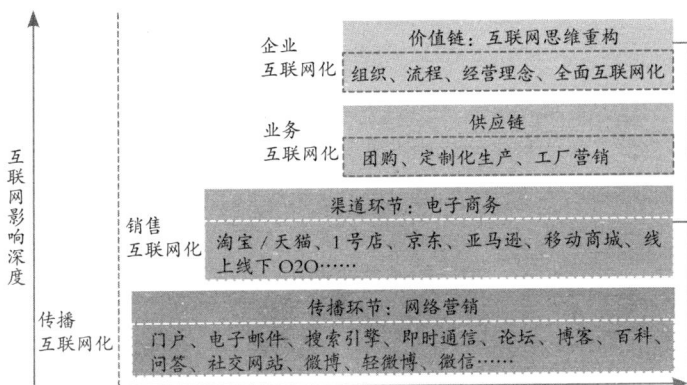

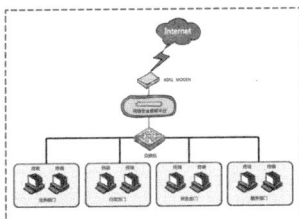

企业
互联网化

价值链：互联网思维重构

组织、流程、经营理念、全面互联网化

业务
互联网化

供应链

团购、定制化生产、工厂营销

销售
互联网化

渠道环节：电子商务

淘宝／天猫、1号店、京东、亚马逊、移动商城、线上线下 O2O……

传播
互联网化

传播环节：网络营销

门户、电子邮件、搜索引擎、即时通信、论坛、博客、百科、问答、社交网站、微博、轻微博、微信……

互联网影响深度

得了丰厚的回报，企业本身也处在一个富得流油的领域，前景不可限量。

实用指南

互联网对社会和政治，尤其是对我们看世界以及我们自己在世界上的行为方式的影响，大得超乎我们的想象。对此，德鲁克认为，对于企业管理者而言，你能看多远，就意味着你能获得的财富有多少。

金律六
用人所长，容人所短

吸纳最优秀的人才

管理精粹

没有任何决策所造成的影响和后果，比人事决策更有影响。

——《管理前沿》 德鲁克

精彩阐释

德鲁克说，人事决策必须进行仔细的考虑、认真的讨论，并集中组织中各种人的经验。人事决策之所以要如此慎重，根本原因就在于人事决策决定着企业的竞争力。企业的竞争就是人才的竞争。如何吸纳最优秀的人才，已经成为企业发展的关键因素。

美国纽约的第七街，是美国时装工业的中心。在美国近5000家大服装公司的激烈竞争中，约南露珍服装公司居于首位，董事长大卫·斯瓦兹由此得到"时装大王"的美誉。斯瓦兹的成功与他独具的择人眼光分不开。

斯瓦兹15岁时就在一家服装公司做工，19岁时，用自己积蓄的3000美元与人合伙办了一家小服装厂，但服装厂的生意并不见起色。斯瓦兹深深感到在别人后面亦步亦趋，将永无出头之日，要想成功就要有自己的牌子，创新，要标新立异，因此，他急切地想寻找一名出色的设计师助自己一臂之力。

一天，他到一家零售店推销成衣。30来岁的店老板看了一眼他的衣服说："我敢打赌，你的公司没有设计师。"店老板的话触动了他的心病。

老板从店内请出一位身穿蓝色新装的少妇，并说："她这件衣服比你们的怎么样？"

"好看多了！"斯瓦兹不禁脱口赞道。

"这是我特地为我太太设计的，"老板骄傲地说，并且不屑地撇了撇嘴角，"别看我开这么个小店，也没把你们这些大老板放在眼里，你们有几个懂得设计？连一点美的细胞都没有！"

对这种近乎侮辱的话，斯瓦兹毫不在意，仍然笑容可掬地问："你为何不找一家大公司一展所长呢？"

没想到那老板发泄开了："我就是饿死，也不再去给别人当伙计了！我曾给三家公司做过设计师，明明是他们不懂，偏偏说我固执。我灰心透了。"

斯瓦兹感到，这样倔强自信、高傲暴躁的人，往往很有才能，决心邀请他做公司的设计师，但被他断然拒绝了。

斯瓦兹找到了一贯支持和帮助他的原先的老板斯特拉登，从他那里了解到，那位店老板叫杜敏夫。

"你的眼光不错，他的确是怀才不遇，"斯特拉登说，"要是我年轻十年，这个人就轮不到你了！"

"你是怕留不住他？难道历史悠久的公司反而无法使用优秀的年轻人？"

"要知道，一个经理型人才，因他本身有实权，只要他真有一套，别人根本排挤不了他；而设计人员就不同了，全看他们的才能是否被主管欣赏，看主管是否有魄力。杜敏夫这个人脾气很坏，不好相处。"

"只要他真有本事，脾气我倒不在乎。"

"他指着你的鼻子骂大街，你也不在乎吗？"

"只要他不是无理取闹。"

斯特拉登频频点头："只要你有这种精神，将来的前途不可限量。杜敏夫是个人才，只要你会用他，也许会有惊人的表现。"

这番话促使斯瓦兹以"三顾茅庐"的精神几次三番地登门拜访，诚心相待。杜敏夫终于被感动了，答应出任斯瓦兹的设计师。

在他的建议下，斯瓦兹首先采用了人造丝做衣料，一步领先，在美国时装业占尽风光。约南露珍服装公司的业务扶摇直上，在不到十年的时间内，就成为令同行侧目的大公司。

斯瓦兹成功的案例充分说明了人才对于公司发展的决定性作用。找到最优秀的人才，是管理者的主要任务之一。

实用指南

管理者一旦发现了优秀的人才，就要"咬定青山不放松"，要有礼贤下士的精神，让其为己所用，从而为企业的兴旺发达不断注入新鲜的活力。

敢于让年轻人挑重担

管理精粹

年轻人口的减少会比老龄人口的增加导致更大的混乱。

——《成果管理》 德鲁克

精彩阐释

德鲁克认为，年轻人是企业发展的源头活水。大胆提拔年轻人，为企业的管理层注入新的活力，使员工的积极性大大提高，这样的企业才容易形成蓬勃发展之势。

美国钢铁公司是一个过分注重资历的公司，让年轻的管理人才止步不前。即使是一个精通业务的人员，在该公司若想晋升为一个小厂的厂长，也必须在每个职位上各待上五年的时间。因此，该公司各分厂的监督人员一般都在55岁以上，公司的资深主管都是些60多岁的老人。

年轻人要想在美国钢铁公司出人头地，只有耐性十足地遵守年长主管所制定的陈规旧章。这些年长资深的主管，自己不思变革，同时又不让有才能的年轻人升迁，成了公司发展的绊脚石。那一年，当美国钢铁公司每卖出一吨钢要亏损154美元时，罗德里克终于意识到公司陷入了困境，他焦急万分。

在万般无奈之下，罗德里克不惜重金聘来经营高手格雷厄姆，格雷厄姆以创新的经营手法挽救了企业危机而在美国钢铁业界颇具盛名。当美国大多数钢铁业老板为了筹借数以百万计美元的经费才能提高生产力而伤脑筋时，格雷厄姆却能不费分文，靠着激励经理和工人而大幅度提高生产效率。

公司大胆地裁减资深位高、傲慢自大、神气活现、一事无成的主管，提拔年轻骨干人才，使所有员工敢于负责，格雷厄姆把公司从死亡线上拉了回来。他认为广告对于增加铜铁销售量的作用不大，于是他将负责广告的人员从30人裁减到5人。同时，他认为54人的外销拓展部门的业务发展希望渺茫，而25人的经济预测小组做的是不切实际的工作，因此他将这两个部门予以解散。更重要的是，他废除了4～6层的管理阶层，以减少重叠的组织机构。

经历了一系列的改革后，员工的积极性大大提高，各级主管年轻有为，公司业务迅速发展，市场占有率大幅回升，取得了不可思议的成绩。

"我劝天公重抖擞，不拘一格降人才。"这句古话不仅是对古代君王用人的一种力荐，更是对现代企业管理中人才战略的一种劝告。现代的企业管理者在择人用人时一定不能循规蹈矩、论资排辈，要敢于起用年轻干部，对有特殊才能的卓越人才大胆委以重任，只有这样，才能让企业因为年轻人的锐气而充满积极向上的活力。

在企业管理中，很多企业家认为年轻人做事浮躁，于是把年龄作为起用人才的一项重要标准，以此来降低用人风险。事实上，年轻人也有很多年长者不具备的优点和特长：他们年轻有朝气，想法新奇独特，接受新鲜事物能力强；他们敢作敢为、敢打敢拼，并且单纯，不工于心计，也不受那么多条条框框的约束，因此很有可能干出一番大事业。

实用指南

企业在选拔人才时，要注意以下三点：

首先，要坚持在长期的全面的实践中选拔，不能在短时间内，甚至凭一时一事的印象就下结论。

其次，要以现实的实践为主、历史的实践为辅进行选拔。近期的和现实的实践能够比较准确、全面地反映人才各方面的情况。

最后，要以实效作为判断和评价人才的主要依据。所谓重实效，就是重业绩、重实干、重贡献。

将人才与企业需求相匹配

管理精粹

> 世界上根本就没有全能的人，要"能"也只是表现在某个方面。
>
> ——《卓有成效的管理者》 德鲁克

精彩阐释

德鲁克认为，管理者要促进人才发挥专长，而不是要求他必须是个全才。任何人的卓越只能表现在一个方面或极个别的几个方面。

美国著名的西华公司的创始人理查德·萨耶是做小本生意起家的，他的事业发展到后来那么兴旺，连他自己都感到吃惊。他的成功之处在于善于发现人才和使用人才。

萨耶最初在明尼苏达州一条铁路上做货物运输代理业务，后来与卢贝克一起成立了"萨耶－卢贝克公司"。两个人搭档使生意突飞猛进，他们实行了多种经营，突破了运输代理范围。

当他们的生意越做越大时，发现自己已无力管理好公司，因此就想找个人帮他们管理。但是过了好长一段时间，他们都没找到合适的人。

突然有一天，萨耶下班回到家时，看到桌子上放着一块妻子新买的布料。

"你要的布料我们店里多得很，你干吗还花钱去买别人的呢？"

"这种布料的花式很特别，流行！"妻子说。

"就这种布料也能流行起来？它不是去年上市的吗？一直都不好卖，我们店里还压着很多哩。"

"卖布的这么说的，"妻子说，"今年的游园会上，这种花式将会流行。瑞尔夫人和泰姬夫人到时将会穿这种花式的衣服出场。这可是秘密哦，你不要告诉其他人。"

萨耶感到有些好笑。想不到他这样精明的商人，竟有这么一个轻易上当的妻子。

到了游园会开幕那一天，果然如妻子所言，当地最有名望的两位贵妇——瑞尔夫人和泰姬夫人都穿上了那种花式的衣服，另外他的妻子和其他少数几个女人也穿了。那天，他的妻子出尽了风头。

更奇特的是，在游园会上，每个女人都收到一张宣传单：瑞尔夫人和泰姬夫人所穿的新衣料，本店有售。这时，萨耶突然开窍了：这一切都是那个卖布的商人安排的。

第二天，萨耶和卢贝克带着妻子的宣传单到那家店去，想看一下那个商人到底是谁。远远地，他们就看见那家店被女人们挤得水泄不通。萨耶和卢贝克一下子对那个商人佩服得五体投地。

"这个人就是我们要找的人，不管他长得高矮胖瘦，不管他是老是少，也不管他是男是女！"

当他们见到那个商人时，不禁哑然失笑。那个商人竟然是他们的老熟人路华德。寒暄之后，萨耶和卢贝克开门见山："我们想请你去做我们公司的总经理。"路华德十分惊诧，因为萨耶和卢贝克

◇ 如何实现人岗匹配 ◇

"人岗匹配"，就是指人和岗位的对应关系。每一个工作岗位都对任职者的素质有一定的要求。只有当任职者具备这些要求的素质并达到规定的水平，才能胜任这项工作，获得最大绩效。

> 要做到人岗匹配须把握两点：一方面岗位职责与员工个体特征相匹配是基础，另一方面岗位报酬与员工需要、动机相匹配，激励员工行为是关键。

人岗匹配图

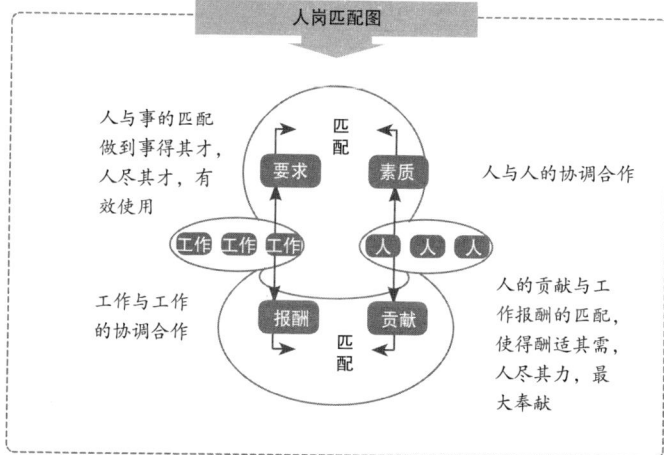

人与事的匹配做到事得其才，人尽其才，有效使用

人与人的协调合作

匹配　要求　素质

工作　工作　工作　　人　人　人

工作与工作的协调合作

报酬　贡献　匹配

人的贡献与工作报酬的匹配，使得酬适其需，人尽其力，最大奉献

的生意在当地做得很好。他要求给他三天时间来考虑这件事。

三天后，路华德同意了。出身于市井小店的路华德对萨耶和卢贝克深怀感恩之情，工作十分投入，很快做出了卓越的成绩。他和萨耶、卢贝克一起奋力拼搏，公司业务蒸蒸日上。十年时间，公司营业额增长了600多倍。后来，公司更名为西华公司。如今这家公司已有30多万员工，以零售为主，每年营业额高达70亿美元。这个营业额，在美国零售业中属于一流成绩。

由此可见，将人才的卓越表现与企业的需求相匹配，这就是最成功的人事决策。一个公司只有做到能职匹配，使人尽其才、物尽其用，才能保持上下齐心的大好局面。

实用指南

一名成功的领导应该知人善任，充分发挥下属的工作潜能，实现组织人力资源的有效利用。能职匹配，既要考虑能否胜任其职，也要防止"功能过剩"，即避免大材小用。如何避免功能过剩呢？

第一，任人标准不可太高。任人标准定得太高，超过实际需要，必然使人望而却步。对一些进取心、事业心较强的人来说，这是一种具有挑战性的工作，一旦上任，发现其"轻而易举"，毫无进取空间，就会另谋他就。

第二，任人标准不可太过武断，应带有一定弹性。过分武断，容易增加压迫感，使人望而生畏。应根据具体需要，分为必要条件和参考条件两种。必要条件即从事某工作不可缺少的必备条件，参考条件有之则好，无之也可。在备选人员较多的情况下，必要条件可高一些，反之，则可低一些。当然，必须以"胜任工作"为原则。

让激励真正发挥作用

管理精粹

管理者的终极任务就是要引导出员工的工作热情和希望。

——《管理未来》　德鲁克

精彩阐释

德鲁克认为，管理者承担着激励员工的使命，他们必须学会激发下属工作热情的方法，使之心甘情愿地为实现组织目标而努力奋斗。在管理实践中，正确的人事决策具有强烈的激励导向作用。

有一个猎人带着几只猎狗去森林中打猎。正巧碰见一只兔子，猎人放出一只猎狗去追，可是追了很久也没追到。猎人见了，怒斥猎狗说："你真没用，竟连一只小小的兔子都跑不过。"猎狗垂头丧气地说："你有所不知，并非我无能，只因为我和兔子跑的目的完全不同，我仅仅是为了博得你的欢喜而跑，而是兔子是为了活命而跑啊。"

猎人一听，觉得猎狗说得很有道理，同时也提醒了他："我要想得到更多的猎物，就必须想个办法，让猎狗也去为了自己的活命而奔跑。"思前想后，猎人召开猎狗大会，决定对猎狗实行论功行赏。他宣布："在打猎中每抓到一只兔子，就可以得到一根骨头的奖励，抓不到兔子的就没有。年底考核，最后一名将被杀掉。"

这一方法果然管用，为了避免成为最后一名，猎狗们抓兔子的积极性大幅度提高了，每天捉到兔子的数量也大大增加。过了一段时间后，猎人发现猎狗们虽然每天捉到兔子的数量都很多，但小兔子越来越多。猎人想不明白，于是，他便去问猎狗："最近你们怎么老是挑小兔子抓？"

诚实的猎狗说："大兔子跑得快，小兔子跑得慢，小兔子比大兔子好抓多了。按您的规定，大的小的奖励都一样，那我们又何必费劲儿去抓大兔子呢？"猎人恍然大悟，原来是自己奖励的办法需要改进。于是，他宣布，从此以后，奖励骨头的多少不再和捉到兔子的数量挂钩，而是和捉到兔子的重量挂钩。

这个方法一出台，猎狗们的积极性再次高涨，抓到的兔子的数量和重量都大大超过了以往，猎人非常高兴。好景不长，一段时间过后，猎人发现新的问题又出现了，猎狗们捉兔子的积极性下降，越是有经验的猎狗变得越没斗志。这是为什么呢？猎人又去追问猎狗。

猎狗对猎人说："主人啊，这些天我们在琢磨，我们把最宝贵的青春都奉献给你了，可是等以后我们老了，抓不动兔子了，你让我们吃饭吗？"猎人一听，拍着大腿说道："哦，原来它们需要养老保险啊！"于是，他进一步调整激励策略：每只猎狗每月规定任务，多于任务的兔子可以储存在猎人为他们建立的账户上，等到将来跑不动了，可以从这些账户上取出积蓄的兔子。这个政策让猎狗们意气风发。

一段时间之后，又一件意想不到的事情发生了：一些优秀的猎狗竟然逃离猎人的束缚，自己捉兔子去了。这使猎人有些着急。

他想，难道是奖赏的力度不够？于是，他把"优秀猎狗"的奖励标准提高了两倍。这一招收到了立竿见影的效果。但没过多长时间，离开猎人去捉兔子的优秀猎狗一下子增加了许多。

猎人无奈了，去问那些离开的猎狗："你们为什么一定要离开我呢？我到底哪个地方做得不对？"猎狗们惭愧地对猎人说："主人，你什么都没做错，离开你是因为我们自己也有一个梦想，我们希望将来有一天也能像你一样成为大老板。"为了管理好剩下的猎狗，猎人成立了猎狗公司，给每只猎狗都分配了股份，每个猎狗都是老板。这一招十分灵验，从此以后，再也没有猎狗主动离开。

实用指南

一个优秀的管理者必须要保持分配的工作在员工的心理承受能力之内，不至于让他们失去信心、垂头丧气。当员工有了不公平感，管理者可通过出台相应的补充决策，让激励更加透明化，目标设定更加明确化。

如何做到有效任命

管理精粹

管理者要想做到有效任命，必须遵循一定的原则和步骤，而不能想当然或心血来潮。

——《卓有成效的管理者》　德鲁克

精彩阐释

德鲁克认为，一个企业要想成功，只靠一个领导者是远远不够的，领导者需要别人来帮助他。但并不是任何人都有这个能力或资本协助领导，这时，作为领导的你就要在人群中选出你需要的人。

赛马场上，一声清脆的发令枪响，只见各位选手和胯下骏马箭一样冲向终点。一番激烈的你追我赶之后，终于有一匹马脱颖而出，率先闯线，夺得冠军——这就是我们熟悉的"赛马"机制。

"赛马"机制帮助企业找到最合适的人才。任何竞赛的背后，都是对参赛者实力的考查，也是参赛选手实力的证明。唯有实力高人一等，才能拿到冠军。企业对人才的甄别就是一个赛马的过程，千里马都是在比赛过程中凸显出来的。

众所周知，万科是中国房地产界的龙头企业，而万科也被誉为地产行业人才的"黄埔军校"。是什么原因让万科能在高速发展的同时，源源不断地涌现出众多出色的职业经理人？

其秘诀可以用"50"和"500"这两个数字来概括。每年，在集团人力资源部的牵头下，根据员工的业绩、上级主管的推荐和人力资源部的审核，万科会从一线挑选出一个具有上升潜质的管理后备队伍，这个队伍包括两部分，一部分是从基层上升到中层的大概500人，一部分是从中层上升到高层的大概50人。

选拔人才的过程就是一场赛马的过程，真正优秀的候选者依靠自己的成绩来获得更高的职位。更重要的是，公司用了较多的时间来考查他们，员工也能得到大量的实践机会。

因此，公司很容易找出那些一贯业绩优异且确有管理能力的人，在公司用人之际予以任命。通过"50"和"500"两个数字的持续滚动，万科实现了管理人才梯队的延续和扩张。

真正的实力派选手从来都不惧怕比赛，唯有比赛，才能表现出自己的实力。但是，有能力却不去做，就相当于能力没有发挥，其结果无异于没有能力。在企业用人中同样如此，人才的判定不仅是看一个人有没有能力去做某件事，而是要看他是否情愿去做这件事。

人才的选拔是动态的比较过程，而非静态的衡量过程。所以，在挑选人才的时候，不应该仅仅是赛马，在赛马的过程中更要相马，因此企业的管理者在看重人才自身素质的同时，更要注重人才是否有积极的心态。能力测试是一个赛马的过程，而心态检验则是相马的过程，在赛马中相马，才会选择最适合的人才。千里马不仅是"赛"出来的，也是"相"出来的。

实用指南

通过给候选干部布置一些任务，能够很好地了解候选人的才干和潜力。通过执行任务，一些不怎么起眼的人开始崭露头角。相反，有些原来认为很优秀的人经过几次考验，就会发现他们其实没有什么真才实学。因此，对候选干部的任用应该慎重。

此外，通过布置任务、执行任务，候选人与领导者的交流机会自然会多些。通过这样的互相接触，这些执行任务的候选人在领导者的影响下，会不知不觉地成长起来，从而为公司选拔出有潜力的接班人。如果等待其自然成长，一个合格接班人的形成需要很长的时间，所以领导者要善于在工作中识别和培养接班人。

给下属足够的自由与空间

管理精粹

> 管理者必须给下属提供必要的配套条件，给他们
> 思想驰骋的空间和自由度。
> ——《21 世纪的管理挑战》 德鲁克

精彩阐释

德鲁克说，管理者在给下属制定较高工作标准和工作效率的同时，也要给他们提供足够的空间。

1990 年，Sun 公司的软件工程师格罗夫·阿诺德对工作感到厌倦，对 Sun 的开发环境感到不满，决定离开 Sun 公司去别的公司工作。他向约翰递交了辞呈。本来对于 Sun 这样一个人才济济的公司来讲，走一两个人是无足轻重的，但是约翰敏感地意识到了公司内部可能存在着某种隐患。于是他请求格罗夫写出他对公司不满的原因，并提出解决办法。当时，格罗夫抱着"反正我要走了，无所谓"的想法，大胆地指出 Sun 公司的不足之处。他认为 Sun 公司的长处是它的开发能力，公司应该以技术取胜，并建议 Sun 在技术领域锐意进取，应该使当时一百多人的 Windows 系统小组中的大多数人解脱出来。这封信在 Sun 公司内引起了很大反响。约翰通过电子邮件将这封信发送给了 Sun 的许多顶层软件工程师，很快格罗

夫的电子邮箱就塞满了回信，这些邮件都来自支持他关于公司现状的评述的同事。

在格罗夫即将离开Sun公司的那一天，约翰向他提出了一个更具诱惑力的条件，即成立一个由高级软件开发人员组成的小组，给予该小组充分的自主权，让他们做自己想做的事情，只有一个要求：一定要有惊世之作。于是就诞生了一个代号为"绿色"的小组，这个小组致力的方向是，开发一种新的代号为"橡树"的编程语言，该语言基本上根植于C+之上，但是被简化得异常小巧，以适合具有不同内存的各种机器。

后来，Sun将"绿色"小组转变为一个完全自主的公司。经过调查研究，公司决定角逐似乎正在脱颖而出的交互电视市场，但是这次努力以失败告终。面对失败，约翰不是解散公司，而是鼓励他们继续完善这种语言，他坚信这种语言一定会不同凡响。于是，Internet发展史上的里程碑——富于传奇色彩的Java就这样诞生了。它成了约翰的法宝。

每个员工都有很大的才能、潜力和创造性，但大多数都处于休眠状态。当领导者为了使人们为完成共同目标而进行协作时，个人意图的任务与组织的任务交织在一起。当这些任务重叠时，就创造出伟大的战略。当人们摆脱了对其潜能和创造力的束缚，而去做必要的、符合原则的事情时，就会产生巨大的能量，可以在服务顾客或股东时实现其自身的理想、价值和任务。这就是授权的含义。

实用指南

其实，除了合理、公平的薪酬待遇之外，员工更为关注的是个人的发展空间。作为企业而言，不能简单地把员工圈在一个地方后，不管不问，忽视员工的职业发展。企业管理者要知道，几乎所有的员工都是有理想有追求的，他们非常愿意为公司创造更多的价值。优秀的企业管理者一定会帮助员工获得预期的利益、实现其自身价值。

人事决策是最重要的决策

管理精粹

> 在所有的决策当中，人事决策是最重要的，人事决策左右了组织的能力，所以在管理上是一种最要紧的工作。
>
> ——《卓有成效的管理者》 德鲁克

精彩阐释

德鲁克认为，任何组织都是由不同的人构成的，人是组织最宝贵的资源，如何对这一资源进行合理的安排与评价，是组织管理的关键所在。卓有成效的人事管理总是能够对组织予以充分的动力与激励，从而激活一股新的力量。

美国第一代"钢铁大王"安德鲁·卡内基的发迹，关键在于他善掌"万能钥匙"。他起家之时两手空空，到去世时已拥有近20亿美元的资产。人们对于这位"半路出家"的"钢铁大王"的成功感到十分迷惑不解。

其实，卡内基的成功除了他有可贵的创造精神外，还有一点非常关键，就是作为企业的领导者，他善于识人和用人。卡内基说："我不懂得钢铁，但我懂得制造钢铁的人的特性和思想，我知道怎样去为一项工作选择适当的人才。"这正是他一生事业兴旺的"万能钥匙"。

卡内基曾说过："即使将我所有的工厂、设备、市场、资金全部夺去，但只要保留我的技术人员和组织人员，四年之后，我将仍然是'钢铁大王'。"卡内基之所以如此自信，就是因为他能有效地发挥人才的价值，让合适的人做合适的事。

卡内基虽然被称为"钢铁大王"，但他是一个对冶金技术一窍不通的门外汉，他的成功完全是因为他卓越的识人和用人才能，他总能找到精通冶金工业技术、擅长发明创造的人才为他服务。

企业的人才有时就像企业生产产品所需要的材料一样，必须十分合适，如果所选的人才不合适，就无法满足企业的需要。让合适的人做合适的事，才能突出有效执行的能力，否则就很难达到目的。大家都知道，执行力是有界限的，某人在某方面表现很好并不表明他也能胜任另一工作。

作为一个企业的高层领导者应该明白，一个工程师在开发新产品上卓有成就，但他并不适合当一名推销员。反之，一名成功的推销员在产品促销上可能很有一套，但他对于如何开发新产品可能一窍不通。

同样道理，正如企业的高层领导者不能依靠排球运动员去策划一场超级排球大赛，不需要医学家去当药品销售商一样，企业的高层领导者不能因某人在某个行业的名气、地位就认为他能做好另一专业的工作。这个道理对任何行业都是适用的。

所以，企业在选聘人才时，应考虑其执行力是否与职位的要求相匹配。只有选聘适合职位要求的人才，才能为企业创造价值。

企业高层管理者用人不是抓住一个是一个，关键要看他是否符合自己的需要，是否和自己的决策对路。否则，那些被招来的人就会成为管理者的包袱。

彼得斯曾指出："雇用合适的员工是任何公司所能做的最重要的决定。"他把管理工作概括为："让合适的人去做合适的事。"如果你雇用了一些不合适的人，你就别指望他们能把该做的事做好。

在美国，通用电气公司早已成为一个令全美企业垂涎的人才库。培养人才是通用公司前总裁杰克·韦尔奇重要的经营之道。他喜欢物色人才、追踪人才、培养人才，并把他们放到相应的工作岗位上。他说："一旦我们把人都调动起来，我们的事就做完了。"

杰克·韦尔奇曾这样说过："我们能做的一切，就是把宝押在我们选择的人身上。所以，我的全部工作便是选择适当的人。"

大部分企业高层管理者的成功，都在于他们能够让合适的人做合适的事，能找到具有执行能力的人。石油大王洛克菲勒成功的原因之一，就在于他雇用了合适的员工。

如何提高执行力，关键的一点是企业高层管理者找到合适的人，并发挥其才能。执行的首要问题实际上是人的问题，因为最终是人在执行企业的策略，并反馈企业的文化。柯林斯在《从优秀到卓越》中特别提到，要找训练有素的人，要将合适的人请上车、不合适的人请下车。

他在书中说："假设你是个公共汽车司机，公共汽车也就是你的公司，就停在那里，等待你来决定去哪里、怎么去、谁和你同行。"

很多人会认为，伟大的司机（企业高层领导）会马上振臂高呼，然后发动汽车，带着车上的人向一个新的目的地（企业愿景）飞速驶去。

事实上，卓越的企业高层领导人所做的第一步不是决定去哪里，而是决定哪些人去。他们首先选合适的人上车，请不合适的人下车，然后将合适的人安排到合适的位置上。不管环境多么困难，他们都遵从这样的原则：首先是选人，然后才确定战略方向。

让合适的人做合适的事，远比开发一项新的战略更重要。这

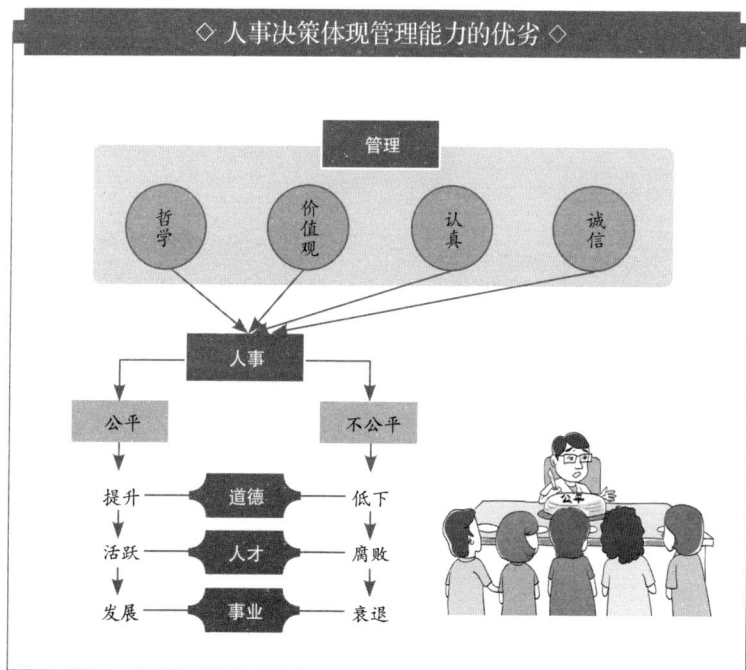

◇ 人事决策体现管理能力的优劣 ◇

个宗旨适合任何一个企业。执行的过程就等于下一盘棋，企业高层领导者要尽量发挥人才的资源优势和潜力，找到最合适的人，并把他放在最合适的位置上，把任务向他交代清晰，就可以做到最好。

实用指南

物尽其用、人尽其才是每一个管理者都孜孜以求的，这涉及一个人才及岗位价值的最大化问题，与企业用人标准密切相关。蒙牛集团老总牛根生在谈到这点时说："从人本管理的角度看，人人都是人才，就看放得是不是地方。这就像木头，粗的可以做梁，细的可以做椽……人也是这样，不同的岗位有不同的人才需求，不同的人才有不同的岗位适应性。"

金律七

以目标为导向，以成果为标准

将企业的使命转化为目标

管理精粹

企业的使命和任务，必须转化为目标。并不是有了工作才有目标，而是有了目标才能确定每个人的工作。如果一个领域没有目标，这个领域的工作必然被忽视。

——《管理的实践》 德鲁克

精彩阐释

德鲁克认为，并不是有了工作才有目标，而是相反，有了目标才能确定每个人的工作。

因此，企业的使命和任务，必须转化为目标。如果一个领域没有目标，这个领域的工作必然被忽视。

在一个企业中，管理者要依靠决策制定企业的最高目标，确定了最高目标之后，必须把它科学有效地分解成小目标，传达到各个分支和部门，以此确定各个员工的工作目标。

企业领导要根据分目标的完成情况对下级进行考核、评价和奖惩，最终达到以目标管理下属的目的。

与传统管理方式相比，目标管理有其鲜明的特点。

第一，目标管理重视人的因素

◇ 目标管理的实质 ◇

德鲁克认为，并不是有了工作才有目标，而是相反，有了目标才能确定每个人的工作。因此，企业的使命和任务必须转化为目标。如果一个领域没有目标，这个领域的工作必然被忽视。

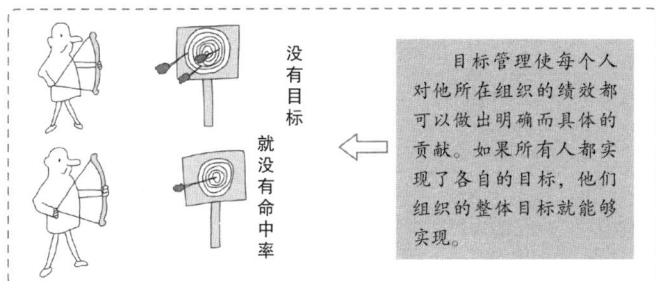

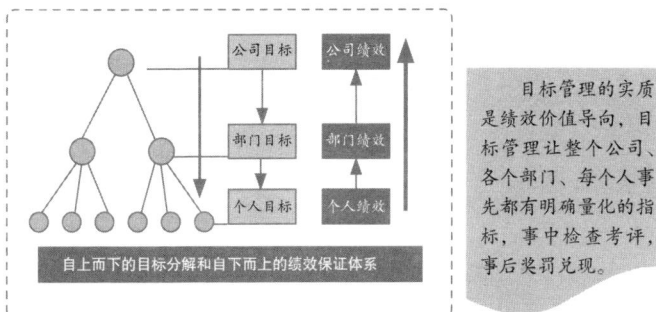

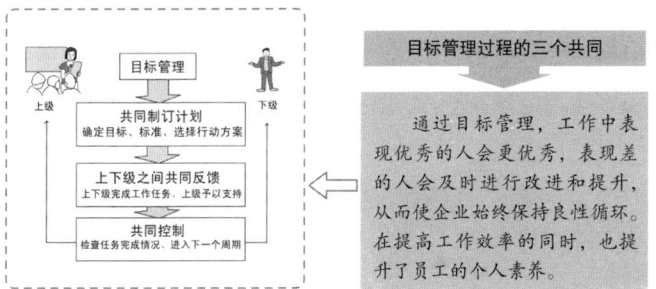

没有目标

就没有命中率

目标管理使每个人对他所在组织的绩效都可以做出明确而具体的贡献。如果所有人都实现了各自的目标，他们组织的整体目标就能够实现。

公司目标　公司绩效
部门目标　部门绩效
个人目标　个人绩效

自上而下的目标分解和自下而上的绩效保证体系

目标管理的实质是绩效价值导向，目标管理让整个公司、各个部门、每个人事先都有明确量化的指标，事中检查考评，事后奖罚兑现。

目标管理

上级　　下级

共同制订计划
确定目标、标准、选择行动方案

上下级之间共同反馈
上下级完成工作任务，上级予以支持

共同控制
检查任务完成情况、进入下一个周期

目标管理过程的三个共同

通过目标管理，工作中表现优秀的人会更优秀，表现差的人会及时进行改进和提升，从而使企业始终保持良性循环。在提高工作效率的同时，也提升了员工的个人素养。

165

目标管理是一种把个人需求与组织目标结合起来的管理制度，注重参与、民主和自我控制。

在这样的管理制度下，下级在承诺目标和被授权之后是自觉、自主和自制的，由此形成的上下级关系也是相互尊重和彼此依赖的。

第二，目标管理要建立目标锁链与目标体系

目标管理就是将企业的整体目标，通过专门设计，逐级分解为分目标，并转给各部门、各员工。

在目标分解过程中，权、责、利三者已经明确，而且相互对称。换言之，只有每个员工实现了自己的小目标，企业的大目标才有可能实现。从企业整体目标到部门目标，再到个人目标，这些目标方向一致，环环相扣，形成协调统一的目标体系。

第三，目标管理重视成果

评价管理工作绩效的唯一标准就是工作成果，人事考核和奖评的依据也是工作成果。

企业管理者以制定目标为起点，以目标完成情况的考核为终结，不过多干预目标完成的具体过程。因此，在目标管理制度下，很少有监督的成分，却很容易控制目标的实现。

实用指南

目标管理的基本程序大体分三步：第一步设置目标，第二步管理目标，第三步测定目标成果。

其中，目标的设置最为重要，可以通过四步实现。

第一，高层管理者预定目标时，要通过上下级不断的互动商议设定，企业管理者对于企业使命和战略，对于企业应该和能够完成的目标，必须做到心中有数。

第二，在目标管理制度下，每个分目标都有确定的责任主体，因此，重新审议组织结构和职责分工就变得至关重要。

第三，重新审议组织结构后，就要明确部门的分目标。分目标要具体量化，分清轻重缓急，既要有挑战性，又要有可操作性。

第四，整体目标转换为分目标之后，上下级要就实现目标所需条件及完成目标任务的奖惩事宜达成共识。由下级形成书面文字，编制目标记录卡片，整个组织汇总所有资料后，绘制出目标图。还要注意，要授予下级相应的资源配置的权力，实现权、责、利的统一。

商业思想由企业家的目标彰显

管理精粹

> 各项目标必须从"我们的企业是什么，它将会是什么，它应该是什么"引导出来。
>
> ——《管理：使命、责任、实务》 德鲁克

精彩阐释

在德鲁克看来，企业家一定是有商业思想的人。这种商业思想是通过商业目标体现出来的。企业家在创办和经营企业的过程中，在回答"企业是什么、将会是什么以及应该是什么"的同时，其实亦在彰显他自己的商业思想。优秀的企业家总是能够通过前

◇ 战略目标指引企业的发展航向 ◇

战略目标作为一种总目标、总任务、总要求，可以分解成一些具体的目标、具体的任务、具体的要求，其最大使命就是指引企业行驶在正确的道路上。

战略目标的细分

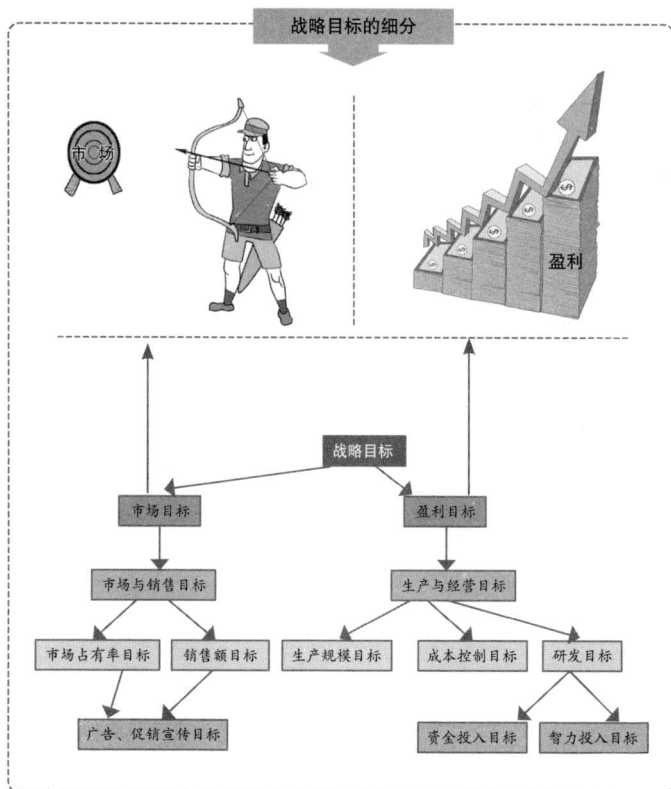

组织目标经过展开，便形成了有机的、立体的目标系统。各级管理人员和每个人对目标的整体一目了然，有利于调动人们的主动性和创造性。

瞻的商业思想来吸引他需要的合作伙伴。

1995 年 4 月，马云开始第一次创业，创办了他的第一家互联网公司——海博网络，产品叫作"中国黄页"。

一年之后，马云的营业额不可思议地做到了 700 万。这时，马云引起了外经贸部的注意，受邀参与开发外经贸部的官方站点以及后来的网上中国商品交易市场。在这个过程中，马云的"企业对企业的电子商务模式"思路渐渐成熟：用电子商务为中小企业服务，让天底下再也没有难做的生意。

这是一个巨大的梦想。

1999 年，马云准备回杭州创办阿里巴巴网站。临行前，他对他的伙伴们说："我要回杭州创办一家自己的公司，从零开始。愿意同去的，只有 500 元工资；愿留在北京的，可以介绍去收入很高的雅虎和新浪。"他说用三天时间给他们考虑，但不到五分钟，伙伴们一致决定："我们回杭州去，一起去！"

这些人就是在商界赫赫有名的阿里巴巴十八罗汉。他们之所以愿意跟着马云走，主要是因为受马云思想的感染，他们要一起做看起来不可能完成的事情——为中小企业服务，通过网络改变天下商人做生意的方式。

受马云思想感染的，最有名的案例莫过于蔡崇信的加盟和孙正义的投资。蔡崇信是全球某著名风险投资公司的亚洲代表，他听说阿里巴巴之后立即飞赴杭州要求洽谈投资。

一番推心置腹的谈话之后，蔡崇信竟然出人意料地说："马云，那边我不干了，我要加入阿里巴巴。""全球互联网投资皇帝"、日本软银公司的董事长孙正义与马云仅仅面谈了六分钟，就立即说："马云，我一定要投资阿里巴巴！而且用我自己的钱。"

　　拥有思想的团队，不仅具有高度的凝聚力，而且还具有坚定的意志力。2002年，是互联网泡沫破灭最为彻底的时候。马云将阿里巴巴当年的目标定为"活着"，他希望公司员工坚持下去，等待春天的到来。到了年底，阿里巴巴不仅奇迹般地活了下来，并且实现了盈利。马云将这一切归功于"坚持"，他说，很多人比他们聪明，很多人比他们努力，为什么他们成功了？一个重要的原因是他们坚持下来了。而坚持的原动力无疑就是团队对领袖商业思想的认可和追随。

　　2007年11月6日，阿里巴巴在中国香港上市，一举成为中国最高市值的互联网公司，这还不包括它旗下的淘宝、支付宝、阿里软件、中国雅虎、阿里妈妈和口碑网等众多网站。此外，这次上市还破了多项港股纪录：香港历史上IPO认购冻结资金额的最高纪录、香港历史上首日上市飙升幅度的最高纪录、近年来香港联交所上市融资额的最高纪录。

　　正是由于领袖商业思想的指引，阿里巴巴才创造出诸多商界奇迹。

实用指南

　　"科学管理之父"泰勒曾说过，管理是哲学。企业家必须明确自己的思想路线，即为企业设定出宏观的发展目标。如果一个企业没有自己的目标，不知道自己是什么以及未来会是什么，那么这个企业就没有灵魂，就不可能走远。

目标激励是最大的激励

管理精粹

> 设定目标是管理者的责任之一，事实上也是首要
> 责任。
> ——《管理：使命、责任、实务》 德鲁克

精彩阐释

德鲁克认为，企业中的每个成员都有不同的贡献，但所有的贡献都必须是为着一个共同的目标。他们的努力必须全都朝着同一方向，他们的贡献必须互相衔接而形成一个整体。

确立一个明确而具体的目标，让这个目标成为企业所有员工的共同目标，激发每个员工实现此目标的愿望，并紧紧围绕此目标展开工作，不可能就会变成可能，梦想就会变成现实。

福特汽车公司的老板亨利·福特生产他的著名的V8型引擎时，决定要将六只汽缸铸造成一个整体，并命令他的工程师们设计这种引擎。设计的蓝图是画出来了，但是工程师们经过研究讨论一致认为，要铸造一个六只汽缸的引擎是不可能的。福特坚持说："无论如何也要生产这种引擎！"

工程师们同声回答："这是不可能的。"福特继续命令说："继续去做，直到你们成功为止，不管需要多少时间。"这些工程师只好

硬着头皮返回实验室继续去做。如果他们想在福特公司工作，他们只有做，别无选择。谁让福特是他们的老板呢？

六个月过去了，毫无进展。又有六个月过去了，仍旧没有结果。工程师们试了各种可能的办法，以执行福特的这一命令。但是这件事似乎毫无实现的可能，他们的一致结论是——根本不可能！在年终时，福特和工程师们进行讨论。工程师们再度告诉他，他们尚未找到执行他命令的方案。

"继续去做！"福特仍固执己见，"我要这种引擎，我一定要得到它。"

于是，工程师们继续去做。奇迹出现了，他们找到了诀窍，最终设计制造成了V8型引擎。

目标会激发活力。领导者要敢于向不可能说"不"，通过不断制定新的更高的目标来鼓舞士气。

管理者必须通过设立一个能够激励人心的目标来让每个员工焕发工作热情，激发新的思考和行为方式为企业创造价值。目标是一个方向舵，它指引企业发展的方向。

索尼公司开发家用录放像机时就是先给自己的人才寻找目标，然后引导开发。当美国主要的电视台开始使用录像机录制节目时，索尼公司就看好这项新产品，认为完全有希望进入家庭。这种新产品只要从内部结构和外观设计上再进一步加以改良，肯定就会受到千家万户的欢迎。

一个新的目标就这样确立了，公司开发人员又有了努力的方向。他们先研究现有的美国产品，认为这些产品既笨重又昂贵，这是通过研究开发加以改进的具体主攻方向。新的试验样机就这样一台接一台造出来，一台比一台轻盈、小巧，离目标也越来越近。

但在感觉上，公司总裁井深大老是觉得没到位。

最后，井深大拿出一本书，放到桌面，对开发人员说，这就是卡式录像带的大小厚薄，但录制时间应该在一小时以上。目标已经非常具体了。开发人员再一次运用已掌握的基础知识，结合科学，调动自己的聪明才智，进一步开发自己的创造力，终于成功研制出划时代的Betamax录放像机。

可见，目标激励是最大的激励，给员工一个值得为之努力的宏伟目标，比任何物质奖励都更具有鼓励作用，也比任何精神激励都有效。

实用指南

只有当人们明确了自己的行动目标，并把自己的行动与目标不断加以对照，知道自己前进的速度并不断缩小到达目标的距离时，行动的积极性才能得以持续。因此，管理者应通过正确引导员工，帮助其明确目标任务，让员工在科学的目标的引导下，不断追求更大进步。

用目标管理促使员工自我管理

管理精粹

目标管理的一个好处就是能以员工的自我管理取代强制管理。

——《管理的实践》　德鲁克

精彩阐释

德鲁克认为，目标管理能够促使员工自己管理。自我管理意味着更强的激励：一种要做到最好而不是敷衍了事的愿望。这种愿望将会促使员工努力达到更高的成就目标和获得更广阔的眼界。

目标管理能够促使员工自己制订计划。史蒂芬·柯维在《有效的经理》一书中写道："我赞美彻底和有条理的工作方式。一旦在某些事情上投下了心血，就可以减少重复，开启更大和更佳工作任务之门。"培根也说过："选择时间就等于节省时间，而不合时宜的举动则等于乱打一气。"没有一个明确可行的工作计划，必然浪费时间，要高效率地工作就更不可能了。任何员工都明白这一点。

与制订计划同样重要的是执行力。执行计划是对意志品质与毅力的一次考验与挑战，许多人的计划并没有得到坚决的贯彻与执行，多是由于他们缺乏勇气与毅力，或是对自己过于放任自流。计划贵在执行。要想成为高效能人士，就必须锲而不舍，矢志不渝地将计划执行到底。

实用指南

如果员工因为讨厌目标的约束而放任自己，最终会因遭到企业的抛弃而陷入人生的大约束之中。所以，每个人都会在目标的引导下，一步步沿着既定的计划，稳妥地前进。这就是目标控制会使员工从强制管理转向自我控制的根本原因。

◇ 目标管理启发员工自觉 ◇

目标管理启发了自觉，调动了员工的主动性、积极性、创造性。由于强调自我控制、自我调节，将个人利益和组织利益紧密联系起来，因而提高了士气。

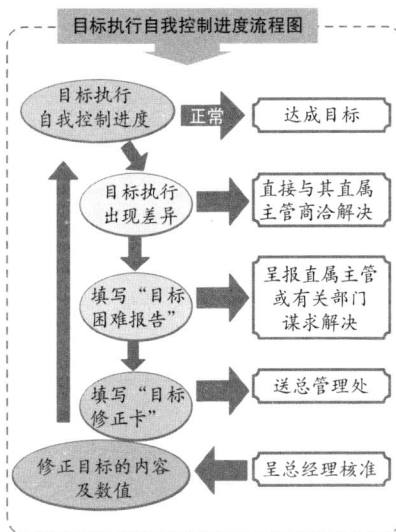

目标执行自我控制进度流程图

目标执行
自我控制进度 → 正常 → 达成目标

目标执行
出现差异 → 直接与其直属主管商洽解决

填写"目标困难报告" → 呈报直属主管或有关部门谋求解决

填写"目标修正卡" → 送总管理处

修正目标的内容及数值 ← 呈总经理核准

结果考核
确立目标
厘清责任

目标管理启发了自觉，调动了员工的主动性、积极性、创造性。由于强调自我控制、自我调节，将个人利益和组织利益紧密联系起来，因而提高了士气。

目标管理

在自觉性驱动下工作的员工，能自己让自己跑起来。他们对待工作的态度是百分之百的投入，对工作有一种非做不可的使命感，并且不计任何报酬。

175

请告诉员工企业对他的期望

管理精粹

员工的行为和举止都会因为管理者的期待而表现。

——《管理：使命、责任、实务》 德鲁克

精彩阐释

德鲁克认为，上司对下属有着广泛的影响。下属会因上司的批评而气馁，同时也会因上司的激励而充满激情。管理者如能告诉下属企业对他的期待，将会对下属产生极其强烈的激励作用。

英国卡德伯里爵士认为："真正的领导者会鼓励下属发挥他们的才能，并且不断进步。失败的管理者不给下属以自己决策的权力，奴役下属，不让下属有出头的机会。这个差别很简单：好的领导者让人成长，坏的领导者阻碍他们的成长；好的领导者服务他们的下属，坏的领导者则奴役他们的下属。"

给予期望，就能促进下属成长。松下幸之助常对工作成就感比较强的年轻人说："我对这事没有自信，但我相信你一定能胜任，所以就交给你办。"领导的期望就像是一条沟渠，被领导期望的员工像是流在沟渠里的水，沟渠有多深，水流就能有多深。只要管理者给予期望，下属就不会让其失望。

企业对员工的期望，表现的主要方式是分配其重要任务。让员工承担重要工作，是促进员工成长最有效的方式。根据员工的才能、潜力委派任务，再适时加以指导和引导。对工作成就感比较强的员工，要善于压担子，给其提供锻炼与发展的机会，以挖掘其潜力，创造更大的成绩。领导者越是信任，越是压担子，员工的工作热情就越高，工作进展就越顺利。

作为世界上最大的石油和石油化工集团公司之一，英国石油公司常用给予有挑战性的任务这种方式来促进员工成长。英国石油公司首席执行官布朗要求英国石油公司里的每个员工都要清楚两点。

第一，自己的任务是什么，自己应该做什么，而不是由别人告诉你做什么。如果是公司的管理人员，还要对团队成员的才能、素质以及自己掌握的资源所能做成的事情十分清楚。

第二，任何人都要制订出详尽的工作计划，在研究公司战略上必须清楚和能正确评估其资金实力和可能有的多种选择。通过这两点，保证了整个团队的每个人都知道自己该做什么。因为每个人都理解什么事情能做和应该做，就能行动快，员工就能随着工作的完成而得到快速成长。

英国石油公司很重视对年轻人、开发管理人才的培养。他们的目标是使每个进入英国石油公司的人都能做得更好。他们对有才能的年轻人进行培训，让他们到不同岗位、不同国家工作，丰富他们的经验，提高他们的领导技能，有能力的就提拔。对公司的接班人，还要让他们了解公司的整体状况，了解决策是怎样做出的。决策前必须听到最好的建议，而不是先决策，再咨询。

对于有潜质成为重要高级管理人员的人才，布朗培训最独特的方法之一是让他做一年至一年半布朗的个人助理。作为布朗的助理，小到递雪茄盒、替他做日程，大到旁听董事会辩论、决策，都要全程参与。布朗说，这是让年轻人通过观摩来学习怎样做出正确决策、怎样向人解释决策、怎样沟通，碰到问题时知道哪些该做、哪些不该做，明白如何区分轻重缓急等核心问题时学会怎样成功。

英国石油公司是个大公司，许多事情要靠各级管理者个人决断，所以，布朗认为，最好一次选对人，否则后患无穷。被重点培养的人，能够充分感受到公司的期望，所以，从布朗办公室走出的高级管理人员的工作都很出色。"我们有最好的队伍"是英国石油公司骄傲地写在年度报告上的三句话之一。布朗说，正是这样的机制使英国石油公司非常有效率。

由此可见，要想促进下属成长，就要让下属知道企业对他们的期望很重要。领导的期望就是一条沟渠，被领导期望的员工像是流在沟渠里的水，总是能快速地成长到被期望的高度。

实用指南

如果管理者把员工看作螺丝钉，由于担心员工能力不足把事情做坏而事必躬亲，不仅会累坏自己，也不利于员工的进步和后备人才的培养。因此，管理者要想使自己轻松起来，就必须学会给予下属期望，让他们在信任中快速成长。

制定的目标要切合实际

管理精粹

目标必须是作业性的，即必须能够转化为具体的工作安排。

——《管理：使命、责任、实务》　德鲁克

精彩阐释

德鲁克认为，目标必须能够成为工作及工作成就的基础和激励。企业制定发展目标无非是让企业的全体员工明白企业的奋斗方向，鼓舞他们的斗志。企业经营的过程并非一场短跑，而是一场漫长的跨栏比赛。跨过一个栏以后，前面又有一连串的栏。想要持续经营的企业，总会有无数的目标等待被跨越。因此，企业制定目标就是要在切合实际的基础上，为企业下一阶段的发展找到需要跨越的栏。

1990年，澳柯玛集团在详细的市场调查的基础上，果断地提出了内部挖潜改造、自我约束、量力而行，走内涵或低成本扩张道路的经营战略目标。通过企业的产品调整、技术创新和管理创新相结合，设计和开发出BD-150型顶式家用小冰柜，填补了我国家用小冰柜市场的空白。

1996年，澳柯玛集团开始了第二次创业，它针对内外环境的变化，调整了经营战略，确定了建立国际化大型企业集团的战略目标，制定了规模化、多元化、集团化的经营方式，树立了"大、强、新"的经营思路，并设定了合理的短期目标，使集团在更高的起点上再次飞跃。

在1998年上半年全国家用电器产品市场占有率统计中，澳柯玛洗碗机、电冰柜分列同行业第一名，微波炉列第二名，电热水器列第三名，澳柯玛电冰箱已跻身同行业产销量前十名。另外，澳柯玛集团已分别在俄罗斯、新加坡等国家设立了澳柯玛系列产品经贸公司。许多产品已远销南美、中东、南非等地区。

从资不抵债2700多万元、前后37次被告上法庭，到总资产63亿元、中国家电企业七强之一，澳柯玛集团在九年间经历了两次创业，为集团达到世界先进水平打下了坚实的基础。

澳柯玛集团给了我们一个重要的启示，即确立明确合理的企业发展目标，然后将目标进行分解，并实行严格的目标管理，是企业得以飞速发展、跻身领先地位的重要前提。

实用指南

制定合理的目标对企业经营有着巨大的指引作用。因此，决策者必须始终牢记决策的目标，知道自己决策的目标到底是什么。目标是不可以凭理想和主观愿望去制定的，任何过高、过急和不切实际的目标，都将对企业产生巨大的危害。管理者制定的企业目标，要做到切合实际，操作性强，而不是一句空话和不能实现的口号。如果目标与现实脱节，目标就变得毫无意义。

金律八

创新精神是企业的灵魂

创新并不是让你去冒险

管理精粹

大多数的成功创新者在现实生活中都不是有"浪漫气质"的人物，他们把大部分时间花在流动资金的估算上，而非武断地做出冒险尝试，他们并非专注于风险，而是专注于机遇。

——《创新与企业家精神》 德鲁克

精彩阐释

在一次企业家精神研讨会上，企业家提出了这么一个观点，成功人士都有一个共同的特点，一个唯一的特点："他们都不是'风险偏好者'。他们总是试图确定风险的性质，并且最大限度地降低风险。否则，我们中间就没有人会取得成功。"德鲁克对这个观点十分赞同。他认为，创新当然是有风险的。但是，坐进汽车，开车去超市买面包，也同样有风险。一切经济活动就其定义而言都是"高风险"活动。保护昔日的成果比创造未来的风险更大。创新者只有在确定风险性质、界定风险范围的情况下才能取得成功，只有在系统分析创新机会来源、认准机会和利用机会的情况下才能取得成功。

德鲁克认为，企业要想使自身成为变革的先驱，就必须建立起对内与对外的连续性，更重要的是要保持变革和连续性之间的平衡性，使得变革的速度保持企业内部的稳定。为了保持组织内部的稳定和变革的成功率，企业的每一个改进和创新都要进行小规模的测试，这是市场调查研究所不能替代的。

德鲁克的这种谨慎变革的态度和柳传志办公司的态度有着惊人的相似。柳传志对自己做事风格有个形象的描绘："先要看，看好了再去试，一步、两步、三步，踩实一脚，再踩实一脚，每踏出一步，都小心翼翼地抬头远望并回头四顾，感觉这一步大了，就再回头踩踩，直到终于看到踏实的黄土路，撒腿就跑……"

凭着这种做事风格，联想失去过很多机会，但是也避免了许多次翻车的风险。比如房地产热、股票热，联想都不为所动，专心致志地做自己的电脑。

卓越的领导者和决策者，绝不会轻率地发动企业的变革，他们总是冷静地分析现实，在提出可行性方案后，总会先采取谨慎的或者是渐进的方式进行"探水"，而不是盲目地发动革命。然而，很多企业的领导者却经常在变革过程中搞"大跃进"，结果造成了严重后果。实达公司在"变革"中崩塌的事例就值得企业家们警醒。

实达公司是20世纪90年代国内IT界的著名企业。1998年7月，一个偶然的机会，时任实达总裁的叶龙认识了麦肯锡咨询公司的专家，双方交谈甚欢，叶龙的实达预付50万给麦肯锡做市场调研，主要调研实达的经营现状。当麦肯锡拿出调研数据后，实达高层大吃一惊，原来实达最优质的客户，每年在实达的采购还不到他们当年同类产品总体采购额的10%。实达高层随后决定做一个300万的咨询项目：建立高效的营销体系，对实达以往的管理架构进行全面变革。

麦肯锡的方案是：解散集团以前的子公司制，将市场营销、销售和生产统一收到集团层面。集团的三位高级副总裁各负责一块。变革改组方案改变了实达传统的营销模式，特别强调资源共享。比如针对一个行业客户，实达只需一名销售代表就可以将个人电脑、各种终端、服务器、网络产品统一销售给客户，而不需要像过去子公司那样每家都要上门推销。针对这一主张，麦肯锡提供给实达两个方案：一个是一步到位，一个是渐进式的。实达高层迫切希望改变，最后选择了一步到位的方案。

1999年1月1日，实达开始实施麦肯锡的变革改组方案，进行了"千人大换岗"行动。各地分公司的负责人也放下手中业务，赶回福州进行培训和学习。出人意料的是，实达的信息系统出了问题：老的系统停止运营，而新的系统尚未建好且不断出故障。结果1~3月，实达高层连基本的市场数据都不能掌握。那时，联想、方正已开始降价了，实达没有降，导致实达销售量大幅下降。而营销部没有整合前，一个销售员卖一种产品；整合后，一个销售员要卖实达的全部产品。这种销售技能需要学习、掌握的时间，实达人一时适应不了这种改革，内部管理一片混乱。

新管理体系在推行的过程中给集团经营造成了较大的负面影响，直接导致了经营业绩的滑坡。1999年6月，管理重组变革方案正式宣告失败。总裁叶龙只得引咎辞职。

实达为什么瞬间崩塌？实达的确非常重视变革，但是，企业变革的速度和风险是成正比的。对于麦肯锡的方案，还没有经过试点就立即推行，所带来的震荡是无法预测的。新旧制度出现的断层，新的尚未建立，旧的已经全面坍塌，而组织也必然随之崩溃。

这种规模过大的变革比不变革更可怕。变革固然重要，但是在任何变革中都有稳定大于一切的需要。任何变革都必须得有一个缓冲阶段才能保证企业的安全性。头脑发热的变革向来都是高风险的冒进！

实用指南

　　成功的创新者都比较保守，而且必须保守。并且，就一般而言，我们对于创新多半有一种误解，即打破旧的才有创新。事实上，所谓的新产品真正完完全全是新的情况毕竟只是少数，即使一些商品标榜着大创新、大革新，其实大多还是在已有的领域进行改进与创新而已。因此，虽然只是提升了旧有商品的附加值，依然会得到广大消费者的青睐。并且，变革是带有风险的，变革不是盲目的。

创新精神是企业的灵魂

管理精粹

　　在这个要求创新的时代中，一个不能创新的企业注定是要衰落和灭亡的。对创新进行管理，将日益成为企业管理层，特别是高层主管的一种挑战，并将成为其能力的一种试金石。

　　——《管理：使命、责任、实务》　德鲁克

精彩阐释

德鲁克认为，创新不仅是技术创新，还有战略、观念、组织、市场、经营模式的创新。重塑企业战斗力，必须全面提高企业创新力，飞如杰克·韦尔奇所说："对待创新你不能保持镇静而且理智，你必须达到发狂的地步。"

享有"汽车大王"美誉的亨利·福特在福特汽车公司发展初期是一个具有强大创新力的企业领导者，福特用他的不断创新将企业推向巅峰。随着时间的推进，老福特的创新渐渐教条化。20世纪20年代，美国进入了大众化富裕时代，随着生活水平的提高，当时美国人的需求越来越多元化，他们更注重的是速度、造型、环保以及个性化。老福特仍坚持低成本车的策略，他继续拼命生产颜色单调，而且耗油量大、排气量大，完全不符合日益紧张的石油供应市场和日趋严重的环境保护状况的T型车。当小福特提出生产豪华型轿车的建议时，老福特不仅不予采纳，甚至用斧子劈毁了新车型。

与此同时，通用汽车等其他几家公司则紧扣市场需求，制定正确的战略规划，生产节能低耗、小型轻便的多种类汽车。结果在70年代的石油危机中，通用汽车一跃而上，而福特汽车到了破产的边缘。

老福特这才意识到自己的判断错误，转而根据小福特的意见推出豪华型轿车。但是先机已失，老福特感慨地总结说："不创新，就灭亡。"

对于企业的管理者来说，一定要牢记创新是企业的灵魂，并设法寻找企业创新的思路。

第一，学习本业之外的知识

挤出时间广读博览，学习影响你的业务的各种知识。正如运动可以增强体质，读书能开启心智，应当开拓思维，掌握处理业务的基本技能，如解决问题、做决策、谈判和员工管理等。

第二，设法结交其他行业中具有创造力的思想者

经常待在自己的小圈子里，会导致"自我封闭"。制造商需要和饭店老板一起打高尔夫球，室内装潢设计师则可以邀请工程师共进午餐。尽力广泛征求各方建议，然后仔细选择并加以采纳。

第三，长远思维对成功不可或缺

保持一贯的质量和品格，用心寻找那些前途光明、能激起你的热情、合乎你的远景规划并能发挥你所长的领域。一旦找到就不遗余力地投身进去。

第四，树立整体观的管理理念

把你的企业看作一个统一机体。质量问题会影响到销售，管理不善又会降低产量。你的决策和行动看起来只限于解决出现的问题，其实最终会影响到你的顾客，并因此对销售产生影响。

第五，拥抱失败

创新过程中经历的失败能提醒你认清自己的思维和观念中的偏差。

第六，挖掘创新机会

重新审视你的工作程序。你们如何完成工作？你的产品或服务是怎样提供给顾客的？凭借工作程序创新，你可以大大提高企业的效率和利润，从竞争者中脱颖而出。

第七，重视不寻常的要求

多数企业只选择最简单且自己轻车熟路的东西，提出特殊要求的人们通常会被拒之门外。千万不要对这些人置之不理，要和他们交朋友，从他们那里汲取灵感，他们可能有助于你预测未来的趋势。如果你不这样做，自会有别人去做，这样你就比别人少

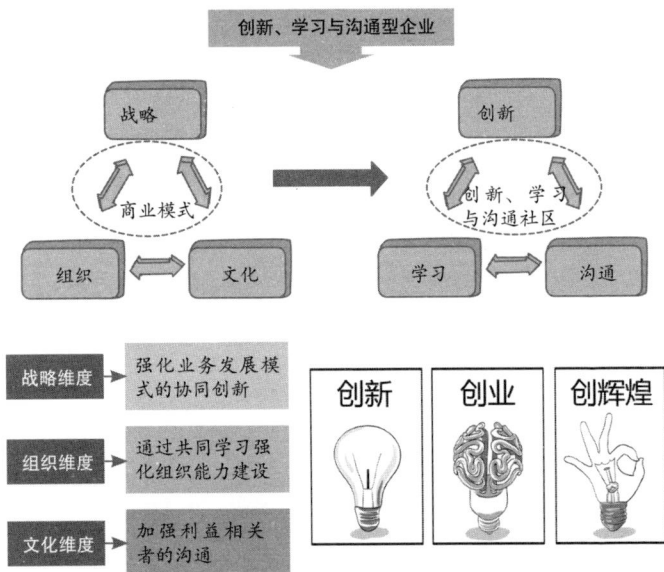

◇ 建立创新、学习与沟通型企业 ◇

德鲁克认为，创新是一项复杂而系统的工程，不仅是技术创新，还有战略、观念、组织、市场、经营模式的创新。重塑企业战斗力，必须全面提高企业创新力，要提升创新能力就必须建立创新、学习与沟通型企业。

了这方面的竞争力。

实用指南

如何在激烈的竞争中生存并取得发展，是每一家企业必须面对的现实。企业要做的事情很多，其中最重要的一点是树立创新的理念，积极寻求变革，而不是等危机来临时才临时抱佛脚。

创新是一张让生意人承担新风险的保单

管理精粹

> 在企业的任何阶段都能发现创新，它可能是设计环节上的创新、产品及营销方法的创新、价格及客户服务的创新、管理机制或管理方法的创新。它是一张让生意人可以承担新风险的保单。
>
> ——《管理的实践》　德鲁克

精彩阐释

创新存在于公司经营活动的各个环节。企业家可以在方方面面创新，也可以在某个方面创新。市场是很公正的，只要创新得当，符合市场需要，市场就会给予丰厚的回报。王永庆被台湾商界誉为"经营之神"，殊不知，当年刚刚起步创业的他，就是通过一些细节上的创新一步步发展起来的。

王永庆早年因家贫读不起书，只好去做买卖。1932年，15岁的王永庆到嘉义开一家米店。当时，嘉义已有米店近30家，竞争异常激烈。当时仅有200元资金的王永庆，只能在一条偏僻的巷子里租一个小铺面。他的米店开得最晚、规模最小，没有任何优势，开张时，生意冷清。

当时，王永庆的米店因规模小、资金少，没法做大宗买卖，也没办法搞零售。那些地段好的老字号米店在经营批发的同时，也兼做零售，没有人愿意到地处偏僻的米店买米。即使王永庆背着米挨家挨户去推销，效果也不太好。

王永庆觉得要让米店在市场上立足，自己就必须转变思路，必须有一些别人没做到或做不到的优势才行。很快，王永庆从提高米的质量和服务上找到了切入点。他决定在产品质量和服务上进行创新，以此来改变那些旧有的习惯，吸引顾客关注自己的店面。

当时的台湾，农业技术落后，稻谷收割后都铺放在马路上晒干，然后脱粒，这就使一些杂物掺杂在米中。用户在做米饭前，都要淘米，用起来很不便，但买卖双方对此都习以为常。王永庆从这一司空见惯的现象中发现了商机。他带领两个弟弟一齐动手，不怕麻烦，一点一点地将夹杂在米里的秕糠、沙石之类的杂物拣出来，然后再出售。这样，王永庆米店卖的米的质量就要高一个档次，因而深受顾客好评。

有了信誉，米店的生意日渐红火起来。同时，王永庆也进一步改善服务。当时，用户都是自己买米、自己运送，这对于年轻人来说不算什么，但对于一些上了年纪的老人，就是很麻烦的事。王永庆注意到这一点，于是打破常规，主动送货上门。这一方便顾客的服务措施，很快为他赢得了市场。每次给新顾客送米，王永庆都细心记下这户人家米缸的容量，并且问明这家有多少人吃饭，有多少大人、多少小孩，每人饭量如何，据此估计该户人家下次买米的大概时间，记在本子上。到时候，不等顾客上门，他就主动将相应数量的米送到客户家里。在送米的过程中，王永庆还了解到，当地居民大多数以打工为生，生活并不富裕，许多家庭还未到发薪日，就已囊中羞涩。由于王永庆主动送货上门，要货到收款，有时碰上顾客手头紧，一时拿不出钱，会弄得大家很尴尬。为解决这一问题，王永庆采取按时送米，不即时收钱，而是约定到发薪之日再上门收钱的办法，极大地方便了顾客。王永庆通过提高产品质量，创新服务，改变收款方式，使自己的米店

◇ 提升创新能力的三三模式 ◇

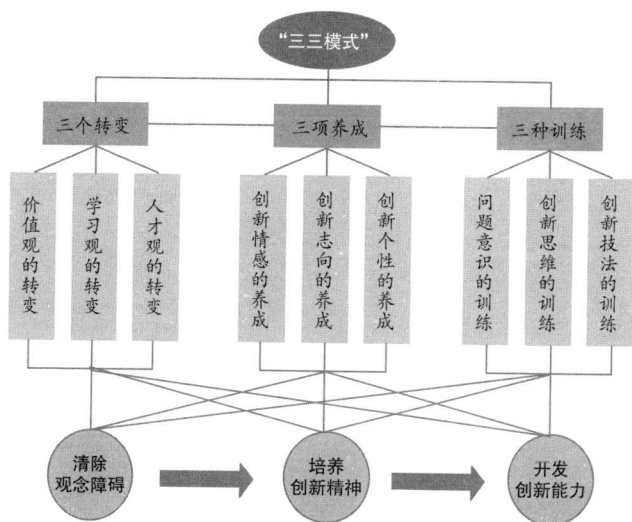

一下子成为当地最受欢迎的米店。

由此可见，只要是符合顾客需要的创新，一定能够受到顾客的欢迎，从而最大限度地保证企业的经济效益。创新，是企业家的保单。不创新，企业等于自我放弃前途，最终会被市场所淘汰。

实用指南

伟大的公司都是擅于创新的公司，企业管理者应该不断拓宽思路，不拘泥于以往经验和成就，以想人之所未想，为人之所不能为，出其不意，以新制胜，利用创新摆脱红海的纠缠，开辟蓝海新世界。

对创新进行管理

管理精粹

为了对创新进行管理，一个管理人员不一定是一个技术专家。

——《21 世纪的管理挑战》 德鲁克

精彩阐释

德鲁克认为，一流的技术专家很少能管好创新工作，因为他总是沉浸在自己的专业领域，所以很难注意专业本身以外的变动。而创新管理人员必须了解创新的动态过程。

虽然创新需要自由的工作环境，需要灵感，但创新并非毫无规律可循，管理者管理创新需要遵循一定的原则。这些原则能够帮助管理者更好地识别哪些是真正的创新、哪些是创新的障碍，从而使创新富有实际价值和效率。

木桶原则

指由几块长短不一的木板所围成的一个水桶，水桶的最大盛水量是由最短的一块木板所决定的。木桶原则所要说明的是，在组成事物的诸因素中最为薄弱的因素就是瓶颈因素，事物的发展最终要受该因素的制约。在管理创新中，如果能抓住这个影响事物发展的最关键的环节，就会收到加长一块木板而使得整个水桶的总盛水量很快增加的效果。

木桶原则在企业管理创新中有很大用处。企业组织有不同的层次、不同的职能部门、不同的经营领域，而企业整体管理水平的高低既不是由董事长、总经理来决定，也不是由那些效率最高、人才济济的部门所决定，而只能是由那些最薄弱的层次和部门来决定。因此，只有在最薄弱环节上取得突破性的创新，才能最终提高企业的整体管理水平。

另外，如果企业各个层次、各个部门的工作质量都符合企业整体的要求，那么加大木桶总盛水量的方法，也应该是先行拉长一块木板，然后再一块一块地补齐其他木板的高度。这种方式可以使木桶的总盛水量平稳增加。

还原原则

所谓管理创新的还原原则，就是打破现有事物的局限性，寻求其形成现有事物的基本创新原点，改用新的思路、新的方式实现管理创新。任何创新过程都有创新原点和起点。创新的原点是唯一的，而创新的起点则可以很多。

如在管理上，实现目标的手段是多种多样的。在当时的条件下，我们可能选择了一种最合适的解决方法。随着环境的变化，原来的方法并不一定是最好的，这就需要回到最初的目标上来重新制定一种更为合适的新方法。

我们现在所讨论的还原原则，就是要求创新主体在管理创新的过程中，不要就事论事，就现有事物本身去研讨其管理创新的问题，而应进一步寻找源头，寻找其创新的原始出发点。只有抓住这一始发点，所产生的创意才不容易受现有事物的结构、功能等方面的影响，在管理创新上才能有所突破。

交叉综合原则

交叉综合原则，指管理创新活动的展开或创意的获得可以通过各种学科知识的交叉综合得到。目前，科学发展的趋势是综合和边缘交叉，许多科学家把目光放在这两个方面，以求创新。管理作为一门学科，它的创新过程也呈现出这一态势。

从管理创新的历史过程来看，有两种创新方式是值得重视的。一是用新的科学技术和新的学科知识来研究、分析现实管理问题。由于是用新的学科知识和技术来看待现实管理问题，即从一种新的角度来研究问题，因而可以得到不同于以往的看法和启示。如把数理统计方法运用到质量控制中，使质量控制从事后检验走向预防控制。二是沿用以往的学科知识、方法与手段。但不是分别单一地去看一个现实的管理问题，而是将这些学科知识、方法、手段综合起来，系统地来看待管理问题，这样也能产生不同于以往的思路和看法。

不怕犯错误原则

最显而易见、具有常识性和令人深信不疑的信念之一，也是人人认为不言自明的信念就是：最好把事情做对而不要做错。事实上，正是一些所谓的聪明人，为了避免犯错误，什么事情也不做，即使是好的决策也尽量少做。

结果，那些害怕犯错误的人做得少，取得的成就也就少。管理者最大的错误在于不敢犯错误。另外，避免犯错误的另一种办法是不做标新立异的事情。如果致力于创新，你就有了可能犯错误的机会，因此尽量按原来的办法做，还是墨守成规为好。没有新尝试，也就没有新作为。

要做到不怕犯错误是比较困难的，因为人们从小就养成了思维定式。学校根据学生们提供正确答案的能力来给他们评分，并因他们给出错答案而惩罚他们。同样地，几乎所有的组织原则都是惩罚失误者，而绝对不惩罚服从命令的人。因此，许多人养成了怕犯错误的恐惧心理，并竭力避免犯错误。人们学会要做得完美无缺，而不是要有创造性。

企业永远需要有能够创新、敢于行动、不怕犯错误、好学的员工。如美国3M公司就提出了"允许犯错误，不允许不创新"、"允许犯错误，但不允许犯相同的错误"等企业理念，积极鼓励员工参与企业各类创新活动。

兼容性原则

管理创新要坚持"古为今用，洋为中用，取长补短，殊途同归"的原则。既要学习外国的先进经验，也要学习中国古代的管理思想，并结合中国企业的实际情况，创新出独具特色的管理理论与方法。管理理论与方法的发展不同于自然学科，自然学科理论的发展与创新，是一种否定之否定的关系，新理论的创新意味着对旧理论的否定。而管理理论的创新往往是一种兼容关系，是从不同角度对旧理论的完善和补充。如组织行为理论的出现，并不意味着泰勒制的结束，即使在美国，现在还有 70% 的企业运用泰勒的科学管理法为其创造利润。兼容性原则是指根据自身的实际情况，吸收别人先进的管理思想、管理方式、管理方法，并进行综合、提炼。

实用指南

大多数企业都存在着不同程度的持续发展障碍，其中管理层面的障碍非常突出，管理创新成为企业的当务之急。

创新是一件艰难的事情

管理精粹

> 创新的理念就好像蛙卵一样：孵化的上千个蛙卵中，能存活成熟的只有一两个而已。
>
> ——《管理前沿》 德鲁克

精彩阐释

德鲁克认为，创新的过程是非常复杂、非常艰难的，是在没有任何可参照事例的情况下进行的。具备创新精神的管理者总是百折不挠，因为他们明白，创新的理念并不是都能转化为可行的良策，正好相反，大部分理念都容易夭折。

在电灯问世以前，人们普遍使用的照明工具是煤气灯或煤油灯。这种灯使用时要燃烧煤油或煤气，因此，有浓烈的黑烟和刺鼻的臭味，而且要经常添加燃料、擦洗灯罩，所以很不方便。更严重的是，这种灯很容易引起火灾。多少年来，很多科学家想尽办法，想发明一种既安全又方便的电灯。

19世纪初，英国的科学家戴维和法拉第用2000节电池和两根炭棒，制成世界上第一盏弧光灯。但这种灯光线太强，只能安装在广场或街道上，普通家庭无法使用。无数科学家为此绞尽脑汁，想制造一种价廉物美而又经久耐用的家用电灯。

这一天终于来到了。1879年，一位美国发明家经过长期的反复试验，终于点燃了世界上第一盏有实用价值的电灯。他，就是被后人赞誉为"发明大王"的爱迪生。

1847年2月11日，爱迪生出生于美国俄亥俄州的米兰镇。他勤奋好学，勤于思考，发明创造了电灯、留声机、电影摄影机等1000多项成果，为人类做出了重大贡献。

1年纪轻轻的爱迪生接连发明了投票计数器、第一架实用打字机、二重与四重电报机等。有了这些发明成果，爱迪生并不满足，1878年9月，爱迪生决定向电力照明这个堡垒发起进攻。他翻阅了大量的有关电力照明的书籍，决心制造出经久耐用。又安全方便的电灯。

于是，爱迪生开始试验作为灯丝的材料。他以极大的耐心，试验了1600多种材料，用炭条、白金丝，还有钌、铬等金属做灯丝，都以失败而告终。面对失败和一些人的冷嘲热讽，爱迪生没有退却。

经过13个月的艰苦奋斗，爱迪生终于发现可以用碳化棉丝做灯丝，足足亮了45小时，灯丝才被烧断。于是，人类历史上第一盏有实用价值的电灯诞生了。这一天——1879年10月21日，被人们定为电灯发明日。经过进一步的试验，爱迪生发现用竹丝做灯丝效果很好，灯丝耐用，灯泡可亮1200个小时。从此，电灯开始进入寻常百姓家。

由此可见，创新并不是一件容易的事情，创新的过程经常会遇到困难和挫折，甚至出现失误，这就需要管理者有知难而进、迎难而上的锐气和绝不言败、百折不挠的韧劲。如果一遇到困难和挫折就失去信心，打退堂鼓，就不可能有所创新。

实用指南

仅有创新的愿望是不够的，要真正达到创新的目的，我们必须具备从理论到实践多方面的创新能力。只有认真学习、深入实践、勤于思考，才能不断增强掌握客观规律、提出新见解的能力。

金律九

领导的实质是责任而不是权力

首席执行官要承担责任，而不是权力

管理精粹

CEO（首席执行官）要承担责任，而不是权力。

——《非营利组织的管理》 德鲁克

精彩阐释

2004 年 10 月 1 日，在美国德鲁克档案馆，德鲁克精辟地论述了 21 世纪 CEO 的职责，他说："CEO 要承担责任，而不是权力。CEO 要对组织的使命、行动、价值观与结果负责。最重要的就是结果。鉴于此，CEO 的工作因他们所服务的组织不同而有所不同。"

CEO 的作用就是将组织与外界连接在一起，成本只在组织内部，而结果则完全存在于组织的外部。CEO 应当将观察、思考并整合组织内外的各种信息，作为自己未来的主要职责。同样重要的事务还包括，只有 CEO 才能决定"企业的使命是什么"、"企业的使命应当是什么"以及"企业的使命不应当回事吗"等问题。一旦做出上述决定，CEO 必须明确对于组织来说，最有意义的结果是什么。

CEO 要致力于做到这样的决策——在企业现在需求与投资于不确定的未来之间做出平衡。事实上，这也是所有经济活动中最困难与最精髓的决策，CEO 必须勇敢面对。

CEO要有效配置企业的高级人才。一个人越是有能力，就越有可能是十分专业化的。世界上没有全面的人才，一位出色的钢琴师很可能连自己的生活都打理不好。关键在于企业要用人所长，我们把他当作钢琴演奏家请来的，而不是看他的其他条件。CEO的职能就是，要将高绩效的人安排在最能让其产生结果的岗位上。

最后，也是CEO最容易忽视的一点，要以自我行为的实践培植组织的价值观。不要错误地以为，只凭一张嘴就能建立起组织的价值观和标准，这是很多CEO都不能够做到的。

实用指南

你不能用工作所具有的权力界定工作，而只能用你对这项工作所产生的结果界定。CEO要对组织的使命、行动、价值观与结果负责。

领导者更重要的是身体力行

管理精粹

卓有成效的领导者明白，他们诚然会发号施令，但他们绝对不会在需要树立榜样的关键场合退缩，他们要身体力行。

——《未来的领导者》　德鲁克

精彩阐释

德鲁克认为，领导者固然要发号施令，但重要的是身体力行，而不是在最需要树立榜样的关键场合退缩。

一个管理者只要端正自身，做到以"理"服人而不是以"权"来压人，管理的工作就简单容易多了。令人遗憾的是，很多管理者费尽心机制定出若干规章制度，要求员工去遵守，却让自己游离于这些制度之外。

从本性上讲，每个人都希望自己有特权，制定的规章制度最好是用来约束别人的，而不愿意制约自己。如果领导者能够率先示范，能以身作则地努力工作，严格遵守自己制定的各种规章制度，那么这种以身作则的精神就会感染其下属，从而在团队里形成一种积极向上的态度、良好的工作氛围。

电视剧《亮剑》曾在各大电视台热播过很长时间，深受广大观众的欢迎，并引起很大的轰动。剧中主人公、八路军团长李云龙每次冲锋陷阵都在最前面，指战员们很担心他的安危，责怪他不该这么玩命。李云龙却说："如果我不带头冲锋在前，战士们怎么会毫不犹豫地奋勇作战呢？"

李云龙正是以这种以身作则的激情影响着每一个战士。优秀管理者不会时刻盯着下属，而是加强员工的自我管理。要加强员工的自我管理，首先要做好管理者的自我管理，成为下属的榜样，用自身行动去说服员工，而不是"照你说的那样去做"，是让员工自觉主动地"照你做的那样去做"。

企业就像军队。其领导者也必然要成为榜样，促进团队成长。伟大的公司必然是一个积极的、开放的、沟通顺畅的组织，这些优秀的组织更趋向于积极地经营、管理和运用员工的才能和潜能。他们将许多精力放在识别员工的潜力方面，根据他们的个体差异，有针对性地提供专门培训，竭尽全力促进他们成长。更为重要的是，这些组织的领导者会以身作则，成为下属学习的榜样，使自己成为他们的火车头。

日本东芝电器公司土光敏夫持相同的观点。他说："领导以身作则的管理制度不仅能为企业带来巨大的经济效益，而且还是企业培养敬业精神的最佳途径。"

东芝公司是当今世界上的大公司。但是，二十多年前，东芝电器公司因经营方针出现重大失误，负债累累，濒临倒闭。在这个生死关头，土光敏夫受命于危难之中，力挽狂澜，把公司带出死亡的港湾，扬帆远航。

土光敏夫就任东芝电器公司董事长所"烧"的第一把"火"是唤起东芝公司全体员工的士气。他大力提倡毛遂自荐和实行公开招聘制，想方设法把每一个人的潜力都发挥出来。土光敏夫说："没有沉不了的船，也没有不会倒闭的企业，一切事在人为。"

土光敏夫还大力提倡敬业精神，号召全体员工为公司无私奉献。土光敏夫的办公室有一条横幅："每个瞬间，都要集中你的全部力量工作。"土光敏夫以此为座右铭，他每天第一个走进办公室，几十年如一日，从未请过假，从未迟到过，一直到80岁高龄的时候还与老伴一起住在一间简朴的小木屋中。

土光敏夫有一句名言："上级全力以赴地工作就是对下级的教育。职工三倍努力，领导就要十倍努力。"如今，日本东芝电器公司已经跻身于世界著名企业的行列，它与石川岛造船公司同被列入世界100家大企业之中。这与土光敏夫以身作则、身先士卒的管理制度是分不开的。

管理者能身先士卒，以积极正确的示范作导向，就可以调动员工的积极性，激发他们努力向上的干劲。相反，如果管理者持一种消极、观望的态度，自己不率先示范，只是督促员工的工作，

◇ 领导的魅力源自以身作则 ◇

领导不仅是制度的签发者，更是一切制度的遵守者、维护者。领导力来源于领导的以身作则。

领导不是口头领导，而是行动领导

领导也不是完全的权力管理，更是人格魅力的彰显

领导力要通过沟通来加强

以身作则应当考虑的问题

我该如何以身作则，言传身教，而又不至于精疲力尽？

以身作则，既要身先士卒，又要细水长流

按六四开的原则工作

我的日程上有众多需求，该如何区分主次？

我得应对众多群体组织，而他们各有所求。如何才能令他们都满意？

调动所有的群体组织为你服务

迅速组建自己的团队

我需要组建自己的团队。我的行动过于迅速还是过于谨慎？

组织架构配合简化的战略主题

定下基调和业务节奏

怎样才能发动员工力往一处使？

充斥着会议的议程固然重要，但我该如何避免身陷会海？

势必会削减员工的工作热情，使员工对领导的行为产生抵触情绪，进而对企业的发展前途失去信心。

土光敏夫严格管理自己，他这种以身作则的行为深深感染着东芝公司的所有员工，使得员工们也像董事长一样严格要求自己。领导的行为对下属产生着巨大的激励作用，正如俗话所说的，"强将手下无弱兵"，领导的表率作用永远是激励员工最有效的方法之一。

实用指南

要想让员工遵守制度，管理者首先要管好自己，为员工们树立一个良好的榜样。言教再多也不如身教有效。行为有时比语言更重要，领导的力量，往往不是由语言而是由行为动作体现出来的，老板的表率作用尤其重要。

和下属保持一定的距离

管理精粹

孤独、疏远和严肃有可能和总裁的性格不相容——这和我的性格也是格格不入的。但是，这样做是我的责任。

——《未来的领导者》 德鲁克

精彩阐释

德鲁克说，管理者一定要善待下属，同时又要与下属保持一定的距离。

管理学中有这样一则寓言，曾经有两只困倦的刺猬，由于寒冷而拥在一起。可因为各自身上都长着刺，它们离开了一段距离，但又冷得受不了，于是又凑到一起。几经折腾，两只刺猬终于找到了一个合适的距离：既能获得对方的温暖又不至于被扎。"刺猬法则"就是人际交往中的"心理距离效应"。领导者要搞好工作，应该与下属保持亲密关系，这样做可以获得下属的尊重。但也要与下属保持心理距离，以避免下属之间的嫉妒和紧张，可以减少下属对自己的恭维、奉承、送礼、行贿等行为，防止在工作中丧失原则。

"仆人眼里无伟人。"这是法国前总统戴高乐的一句名言。此话怎讲呢？因为所谓的伟人，如果他的一点一滴，甚至每个毛孔都呈现在你眼前时，你不仅会发现他只是个凡人；更有甚者，你会发现在暗角里，他也有一些可耻的、不为人所知的缺点。

马克·吐温说："每个人像一轮明月，他呈现光明的一面，但另有黑暗的一面从来不会给别人看到。"罗曼·罗兰说："每个人的心底，都有一座埋藏记忆的小岛，永不向人打开。"每个人都应守住自己的秘密。自己的秘密不要轻易示人，是对自己负责的一种行为。

不要让自己过去的事尽人皆知，向他人过度公开自己的秘密，最后吃亏的肯定是自己。人与人的关系总是变动的，今日为朋友、明日成对手的事例屡见不鲜。你把自己过去的秘密完全告诉别人，一旦双方关系发生变动，你又不可能把秘密收回来。那个时候，如果对方别有用心，说不定会将所知的秘密作为把柄，对你进行攻击、要挟，弄得你声名狼藉、焦头烂额。

上级和下级之间，偶尔的亲近可以让人感动，太多的亲昵会让威严丧失殆尽。

很多管理者对下属的工作状态不满，每日为下属的状态发愁。与其天天为员工的消极状态而愁眉不展，不如自己拿出激情、身先士卒、一心一意地工作。只要自己尽全力专注地工作，带头遵守相应的规章制度，做好团队的榜样，那么，管理者必能感动下属，将工作的热情传递给下属，使他们积极地工作。有些领导者认为，越平易近人，越和下属打成一片、称兄道弟，沟通得就越好。其实，

◇ 适当端起领导的"架子" ◇

人们总是习惯用"架子大"来形容某些管理者脱离群众，目中无人。但是，"架子"绝不仅仅是一个消极、负面的东西，而有着积极而微妙的意义，它其实可以理解为一种"距离感"。适当端起领导的"架子"是许多管理者管理下属的一种十分有效的方法。

管理者端起架子应注意的问题

你不要离我太近，也不要离我太远。

员工　领导

- 不能滥用权力，超出自己的权力范围
- 不要激起下属强烈的不满
- 不要固执己见，骄傲自大
- 站在促进者的立场上开展工作
- 端起架子不意味着凡事亲力亲为
- 放手让下属去锻炼，不把精力放在琐事上

领导者端起架子要避免几种假威信

压服威信　夸夸其谈的威信　收买威信

这种看法是错误的。与你的下属保持一定的距离，不可太过亲密。

实用指南

距离产生威严。再伟大的人其实都是凡人，都有平庸琐碎的一面，要让人对你保持敬畏，最稳妥的办法就是只让人看到应该看到的。

未来的领导是一个知道如何提问的人

管理精粹

过去的领导者可能是一个知道如何解答问题的人，但未来的领导者必将是一个知道如何提问的人。

——《未来的领导者》 德鲁克

精彩阐释

德鲁克认为，卓越领导者的真正伟大之处，不在于他们能不能给出答案，而在于能不能提出问题。出色的领导都是善于提问的人，他们不仅能向每个人提问，而且所问的问题都是最核心、最关键的。

美国创新领导中心曾经对 191 位成功的企业领导做过研究，结果发现这些人的成功之处都在于，他们善于制造发问机会并懂得如何提问。而这些领导也一致认为，问问题可以让人思路清晰，激发创意，指引做事的新境界与新方向，同时还能够促使组织与个人快速成长。

所以，要想成为出色的领导者，必须学会问问题，包括向员工、向自己、向客户提问题。通过提问，领导者更能够看清事情的真相，也自然能够更恰当地解决工作上的难题。特别是在做决策的过程中，不论人事决策、资金分配决策，还是经营决策，倘若能够提出正确的问题，则意味着所做的决策已经成功了一半。

德鲁克说："过去的领导者可能是一个知道如何解答问题的人，但未来的领导者必将是一个知道如何提问的人。"提问在管理中的作用已变得越来越不可替代，甚至有超越执行力，成为最重要且最有力量的管理工具的可能。

我们知道，善于影响别人的人会比那些不善于影响别人的人更多地提出问题，而且更注意倾听问题的答案。

询问并不是审问。它并非首先假设被提问的人一定隐瞒了什么。询问也不是问大量的问题。你所提问题的种类决定了你将得到的答案。

"你擅长你的工作吗？"

"是的，擅长。"

谈话结束了。这是一个封闭式的问题，因为可能的答案只有"是"或"不是"，或其他简单的补充说明。请看另一个例子：

"难道你不认为定期开小组会议是一个好主意吗？"

"是的，当然是个好主意。"

同样，这个问题也没有过多可回答的，因为这是包含着赞同意见的引导性提问。这种问题不过是一种假意的提问。

所以，希望有效影响别人时，还需要掌握一门技巧，那就是知道提出什么样的问题、什么时候提出。一般来说，提问有两种方式，除了上述封闭式的提问，还有一种开放式的提问。

开放式问题是所有问题中最有效的。当你想启发别人表述自己的观点以便能够更清楚地了解别人的时候，提这种问题是非常有效的。这种问题与倾听的技巧紧密相连。作为施加影响的一方，如果你能启发别人讲话，这会比你自己讲话更有用。

开放式问题鼓励每一个人讲话，因为这些问题都不能用简单的"是"或"不是"来回答。开放式问题通常包括这些字眼："什么""哪里""如何""什么时候""告诉我"等等。

设想有人想了解关于你对你的组织未来发展的看法。

例如，柯达公司在创业初期便设立了"建议箱"制度，公司内任何人都可以对某方面或全局性的问题提出改进意见。公司指派一位副经理专门处理建议箱里的建议，收效甚大。第一个提建议被采纳的是一位普通工人，他建议软片仓库应该常有人做清洁，以切实保证产品质量。公司为此奖励了他20美元。公司共为采纳这些建议付出了400万美元，但也因此获利2000万美元。

要想与员工进行有效的沟通，弄清问题和解决问题必须善于提出问题，以便引导其说清全部问题。引导其换个角度想，自我解决问题或者找出关键，便于最后解决问题。此外，在提出问题时，你还要注意以下几点：

（1）要多用一般疑问句，少用反问疑问句。

（2）提问要在下属的话告一段落时，事先征询："对不起，我提个问题好吗？"要尽量使用商量的语气。

（3）要提出引导性问题，引起下属思考的问题，与下属意见紧密联系的问题。不要提出表达自己不同观点的问题。

实用指南

下面是每一位领导者都应该问自己、问下属、问客户的一些重要问题。把你所获得的答案作为行动指南。然后制订一个计划，以帮助你的员工更好地工作，更好地为客户服务。

问自己：

我们公司所处的这个行业前景如何？我们公司应该怎样顺应本行业的发展趋势？明年公司将会有怎样的发展？如何才能知道员工们都在做些什么？与竞争对手相比，我们公司处于一个什么样的地位？哪些变化正在影响你以及你的竞争对手的经营运作模式？

问下属：

你对公司的团队及团队合作精神有何看法？对于客户，你知道的最重要的一点是什么？我们能为客户做些什么？我们公司靠什么赚取利润，你应该怎样提高工作效率？在工作过程中，你都遇到过哪些障碍？在最近的管理决策中，你最不能理解的是哪一项决策？

问客户：

你为什么愿意和我（或我们公司）做生意？我们公司什么时候的什么举动让我们之间的业务合作变得困难？你希望我们公司在哪些方面做出改进？

领导者应具备的四种能力

管理精粹

成功的领导者必须具备四种重要的能力。

——《未来的领导者》　德鲁克

精彩阐释

领导者与责任、品性等密切联系，但这些都只说明领导者应该做什么。要衡量领导者的领导力，我们还必须考查领导者的能力。德鲁克认为，成功的领导者必须具备四种重要的能力。

第一，虚心倾听下属的意见。

作为领导者，虚心倾听是对下属人格的尊重，也是对他们工作的激励。当下属向领导陈述他们的意见时，至少已经说明，他们希望从领导者这里获得支持、帮助或鼓励。如果领导者置若罔闻，就会使下属对领导的信任付诸东流。

领导者一次心不在焉的倾听，可能就会失去发展企业的大好机遇。所以，领导者必须关注下属的心理感受，不要总是从自己的角度思考问题。不能虚心而诚挚地倾听，就会使下属怀疑领导者是否重视自己。

领导者必须谨记：最有价值的人，不一定是最能说的人。老天给我们两只耳朵、一张嘴巴，本来就是让我们多听少说的。善于倾听，才是成功的领导者最基本的素质。

第二，学会主动与人沟通。

在现今的企业组织中，企业的中间层越来越庞大，很多问题的解决都需要通过沟通来实现。领导者不善于沟通、不乐于沟通，就会增加组织的沟通成本，也会使领导者和下属存在隔膜，这非常不利于领导者进行有效的领导。

领导者应该向索尼公司的创始人盛田昭夫学习，他是沟通的高手。他总是不厌其烦地和基层员工沟通，通过这种手段提高了企业的凝聚力，也提升了企业的竞争力。

盛田昭夫认为，领导者应该和员工进行无障碍沟通。从公司创建开始，他就坚持与每一位职员进行接触。他整天都与年轻职员们一起吃饭、聊天，直到深夜。随着公司规模日益扩大，要做到这样已不太现实了，但他仍尽可能利用一切机会与基层职员接触，以便相互增进了解与感情。

有一次，盛田昭夫去市中心办事，刚好有一点空余时间，他就去街上闲逛。偶一抬头，他看见"索尼旅游服务公司"的牌子，这个店他还从没听说过，于是他就走了进去。

盛田昭夫对大家说："各位认识我吗？想必已在电视上或报纸上见过了吧。今天我特意来，让你们瞧瞧我的尊容，看与电视上有什么两样。"

所有的人都被他的话逗乐了，气氛变得活跃而轻松。虽然大家的交谈只进行了几分钟，但盛田昭夫善于沟通、乐于沟通的精神让这些员工念念不忘。

"各位认识我吗"，多么简单的一句话，瞬间拉近了盛田昭夫和员工的距离。索尼公司正是通过这种无障碍沟通，提升了企业的向心力。无独有偶，韦尔奇在执掌通用公司时，倡导"无边界沟通"，取得了巨大成果，其他企业纷纷效仿。在没有电子邮件的时代，韦尔奇就已经通过便条和最基层的员工沟通。这种方式正是德鲁克所期望的，真是英雄所见略同。领导者必须乐于沟通，通过沟通来提升自身的领导能力。

第三，不要妄自尊大。

骄兵必败的道理，其实所有领导者都明白，关键是如何把这种意识落实在行动上。伟大的领导者都知道自己的能力是有限的，因此他们总是很谦虚地接受别人的提醒。然而，很多领导者在取得了一定成就后，却被胜利冲昏了头脑，结果骄傲滋生惰性，成

◇管理者的角色及通用能力◇

德鲁克在 1955 年提出"管理者角色"的概念。他认为管理是一种无形的力量，这种力量是通过各级管理者扮演的角色体现出来的。

管理者的三类角色

1. 管理一个组织——求得组织的生存和发展。

2. 管理管理者——组织的上、中、下三个层次中，人人都是管理者，同时人人又都是被管理者。

3. 管理工人和工作。

管理者应具备的通用能力

管理者一般由拥有相应的权力和责任，具有一定管理能力从事现实管理活动的人或人群组成。管理者及其管理技能在组织管理活动中起决定性作用。

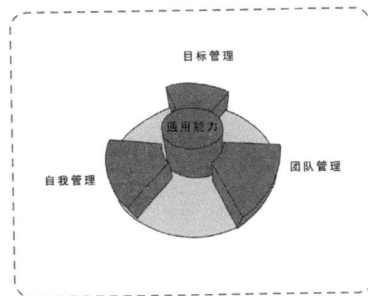

目标管理

通用能力

自我管理

团队管理

功后忘却了失败。这种好了伤疤忘了疼的做法，充分说明人是健忘的，所以领导者必须时刻提醒自己，不要太轻狂，不要妄自尊大。

众所周知，爱迪生是电灯的发明者，是人类历史上最伟大的发明家。他仅受过三个月的正式教育，可他一生取得了1000多项发明专利。他年轻时非常谦虚。由于缺少正规教育，在1879年研制出第一盏可供试验的白炽电灯之前，爱迪生寻找灯丝的办法就是不厌其烦地试验。最终试验了成百上千种物质，结果均以失败告终。当有人幸灾乐祸地问他有何感想时，爱迪生平静地说："我没有失败，我已经证明了这么多物质不适合做灯丝。"这是多么积极的心态！他还曾说过："当试验失败时，不要把它扔掉，不妨再问一句：'这东西还有没有别的用途？'如果有，我就要说：'当初我要发明的就是它。'"爱迪生正是凭借这种孜孜以求的精神和谦虚为人的作风取得了巨大的成就。然而到了晚年，爱迪生曾说过一句令大家瞠目结舌的话："你们以后不要再向我提出任何建议。因为你们的想法我早就想过了！"

1882年，在白炽灯彻底获得市场认可后，爱迪生的电气公司开始建立电力网，由此开始了"电力时代"。当时，爱迪生的公司靠直流电输电。不久，交流电技术开始兴起，但受限于数学知识（交流电需要较多数学知识）的不足，更受限于狂妄自大的心态，爱迪生始终不承认交流电的价值。凭借自己的威望，爱迪生到处演讲，不遗余力地攻击交流电，甚至公开嘲笑交流电唯一的用途就是做电椅杀人。发展交流电技术的威斯汀豪斯公司被爱迪生搞得很狼狈。

然而事实胜于雄辩，那些崇拜、迷信爱迪生的人在铁的事实面前惊讶地发现，交流电其实比直流电强得多！于是人们愤怒了，而爱迪生公司的员工和股东也以此为耻。

爱迪生半生辉煌，却在人生将要谢幕时栽了一个致命的大跟头，而且再也没能爬起来，成了他一生中最大的耻辱。

第四，不要为错误辩解。

这种能力，是对领导者最基本的要求。

实用指南

成功的领导者都必须具备这四种能力，个性化领导更需要这些能力的支撑。领导者要善于提炼并发现自己的能力，只有如此，才能最大化地进行自我管理，也唯有如此，才能推进组织事业的发展。

要敢于承担责任

管理精粹

> 卓有成效的领导者为部下所犯的错误主动承担责任。
>
> ——《管理未来》 德鲁克

精彩阐释

德鲁克认为，管理者一定要敢于担当责任。犯错和失职并不可怕，可怕的是否认和掩饰错误。

戴尔公司的老板迈克尔·戴尔就是一位勇于承担责任、能主动承认错误的领导。从2001年开始，戴尔公司就开始实行年度总评计划。戴尔的每个员工都可以向他的上级、部门经理甚至是戴尔本人提出意见，指出他们的错误所在。第一次员工总评过后，戴尔得到的评价是"过于冷淡"。

对此，戴尔本人当着手下众多员工的面承认了自己的问题："我这个人太腼腆，显得有些冷淡，让人觉得不可接近，这是我的失误。在这里我对大家做出承诺，今后，我会尽最大努力，改善与所有员工的关系。"

　　这件事情在后来被记者提及："戴尔先生，你不担心员工提出的问题是你根本不存在的吗？"

　　他微笑着回答："戴尔公司最重要的一条准则是责任感。我们不需要过多的借口，只要拥有高度的责任感就行。在戴尔公司，你绝对不会听到各类推诿之词。"

◇ 领导者要勇于承担责任 ◇

犯了错误别灰心，这事我也有责任，我们一起想办法弥补……

作为上司，在下属闯祸之后，首先要冷静地检讨一下自己，要让他明白，无论如何，自己永远是他们的后盾。

我早就知道你会弄砸！

哼，就你厉害，我才不听你的呢。

那种不分青红皂白就大发雷霆的上司，不仅使下属不再感到丝毫内疚，甚至不再拥戴他。

　　所以，当下属在工作中犯了错误，受到大家的责难，处于十分难堪的境地时，作为上司，不要落井下石，而应勇敢地站出来，主动承担责任。

他的公开表态在戴尔公司内部引起巨大的反响，员工们认为，老总这么勇于承担"莫须有"的责任，那么我们还有什么理由不向他学习呢？

因而，"承担责任，不找借口"的风气迅速在戴尔公司内部形成，这也是戴尔公司拥有强大竞争力的原因之一。

香港首富李嘉诚认为，部下的错误就是领导者的错误。他为人宽厚，十分体谅部下的难处。多年的经商经验让他深知，经营企业并不简单，犯错是常有的事情。

所以只要在工作上出现错误，李嘉诚就会带头检讨，把责任全部揽在自己身上，尽量不让部下陷于失败的阴影。

他时常说："下属犯错误，领导者要承担主要责任，甚至是全部责任，员工的错误就是公司的错误，也就是领导者的错误。"

可见，勇于承担责任的管理者，会让员工觉得他是一位心胸坦荡、有责任心的人。

因为责任而树立起的威信更能让员工信服，从而赢得员工的尊重和支持，否认和掩饰只会一错再错，从而失去员工的信任。

实用指南

管理者能否主动勇敢地承担责任，关系到他的威望。主动承担责任的领导人，让人们看到了他的高风亮节与光明磊落，让上司更器重，让部属更敬佩，威望不仅丝毫无损，反而会大大增加。

金律十

企业的成长要避免肥胖

成长过快，死亡也快

管理精粹

> 成长过快绝对是企业经营的一种危机。任何组织的规模在短期内迅速扩大了一倍或者两倍，这就代表着组织扩张的速度超过了企业认知的限度。
>
> ——《巨变时代的管理》 德鲁克

精彩阐释

企业在创建以后，成长是一个必经的过程，然而，过分追求成长的速度无异于自寻死路。管理行为其具有艺术性，因此追求动态的平衡便成为经营成长的动力。

五谷道场，2005年11月面市，2006年在全国销售额迅速达到5亿多元人民币，荣登年底"第五届中国成长企业100强"的榜首。可惜的是，其成长性犹如涨潮一样，来得快去得也快，最终因资金链断裂而深陷困局，难逃被人收购的命运。反思五谷道场从快速增长到快速衰落的发展轨迹，我们在扼腕的同时，更应该反思和引以为戒。

20世纪末，河北邢台人王中旺在家乡隆尧县创业，创建了河北中旺食品有限公司，也就是中旺集团的前身。2004年年中，王中旺决定打造一个新的品牌，以实现产品从中低端向高端的扩张和延伸，当年10月，五谷道场注册成立。

2005年年初，为了打造自己的高端品牌，同时也为了有别于康师傅等方便面巨头，五谷道场在品牌定位上出奇制胜，"拒绝油炸、留住健康"、"非油炸、更健康"等概念被迅速推出。由于当时油炸食品致癌风波闹得正凶，消费者颇感恐慌，所以五谷道场的横空出世可谓恰逢其时，自然在市场上引起了强大的震动。

似乎一夜之间，五谷道场"非油炸"的广告开始在央视和地方电视台及各类平面媒体上狂轰滥炸。上市前三个月，五谷道场就在各城市选择高档社区、写字楼、学校、车站码头、交通要道进行大规模免费派送。五谷道场开始红遍中国，上市当月即获得600万元的销售额，之后一路增长，市场一天比一天好。半年后，五谷道场的市场全面铺开，每月回款达3000万元左右。当时，公司上下无不陶醉在差异化的胜利之中。

对于五谷道场的快速发展，许多人给予了高度的评价，五谷道场用一个简简单单的"非"字将庞大的方便面市场硬生生地劈成了两半，轻而易举地占据半壁江山。业内专家评价："五谷道场的市场开拓期，在产品定位、品牌区隔、传播方面做得无可挑剔，可以称得上是策划史上的经典案例。"

在五谷道场的强烈攻势下，2006年方便面行业销售下挫60亿元，之前销售淡季行业开机率为75%，而2006年2月后开机率仅为45%。面对大好形势，五谷道场不断扩大销售队伍，增加产能，加大广告投入，并且同时在全国30多个城市设立办事机构，半年内员工数量一度扩展到2000多人。原本仅有几十个人的北京本部，居然在很短的时间内建立起一支近千人的销售团队。

但这时的五谷道场已经埋下隐患。根据中旺集团内部人士对媒体的透露，五谷道场的财务控制过于粗放，严重透支了企业资源。"我们是中型企业在做大型企业的事情。"就连掌舵人王中旺也曾对媒体承认，"我们已经投资了4.7亿元，仅广告费就支出1.7亿元。"真正形成现金流的只有3亿元，这使得五谷道场的现金流开始吃紧。2007年中期，五谷道场在全国各地超市相继出现了断货现象，五谷道场这个品牌逐步退出市场，中旺集团只好吞下失败的苦水。

企业的发展仅靠规模扩张是不够的，规模扩大到一定程度，应放慢发展速度，使企业有个喘息的机会——这是客观事物发生和发展的必然。针对这一问题，企业应把好两个"关"：一是企业发展速度要与企业管理水平相适应。企业发展速度太快而相应的企业管理水平未能提高、人才培养等跟不上，就有可能造成管理滑坡，影响企业经济效益。二是企业发展速度与企业资金的周转速度相适应。如果资金不能及时回笼，公司没有足够的资金支持企业的发展，企业将因为发展过快而陷入被动。

实用指南

物极必反，成长过快，失败也快。企业成长过快，一方面是因为市场环境给予机会，另一方面是企业管理者主观上过于追求发展速度和规模。中国有句古话，叫作"欲速则不达"，很多企业因为急于扩张，谋求企业的快速发展，如意算盘没打成，却赔了夫人又折兵，造成资金链断裂，最后导致企业崩溃。

专业化、多元化还是一体化

管理精粹

> 专业化、多元化和一体化是影响大和高风险的
> 战略。对它们的检验标准有两个：经济成果和经济
> 风险。
>
> ——《成果管理》　德鲁克

精彩阐释

德鲁克认为，走多元化、专业化还是一体化路线，必须根据企业自身的情况来区别对待。走多元化战略是一个险招，但是如果具备了下面两个条件，就有惊无险，还能摘到让企业起死回生的灵芝仙草。第一个前提条件是，企业的主业发展已经到了一个非常高的程度，市场占有率、技术水平、管理水平都无懈可击，产业的发展余地已经到顶，有着丰厚的剩余资本；第二个条件是进入的领域一定要有优势。

史玉柱以他的惨痛教训告诉其他企业家——企业不能盲目多元化！中国企业家十年前的最大挑战在于占据机遇、把握机遇。随着这些年来经济法制的进一步规范，各行各业进入白热化的竞争，所以现在企业家面对的最大挑战在于是否能够拒绝诱惑。以前各行业竞争不激烈，你什么也不懂，但只要你能进去别人没有

进去，你就很容易赚到钱。现在竞争激烈了，专业化是非常必要的。但是许多民营企业还是沿用过去的思维。专业化不仅对中国企业适用，全球化的发展趋势肯定也是专业化道路。史玉柱将盲目追求多元化写在了《我的四大失误》里：巨人集团涉足了电脑业、房地产业、保健品业等，行业跨度太大，新进入的领域并非优势所在，却急于铺摊子，有限的资金被牢牢套死，巨人大厦导致的财务危机几乎拖垮了整个公司。巨人的主业——电脑业的技术创新一度停滞，却把精力和资金大量投入自己不熟悉的领域，缺乏科学的市场调查，好大喜功，没有形成多元化管理的能力。

困境压得大家都无法喘息。由此看来，多元化仿佛就是一条企业家所不能涉足的死路。但是，在越来越激烈的市场竞争中，过于专业化的企业往往会出现前有封堵、后有追兵的困境。企业不堪挤压，市场份额越做越小，人才越走越少，效益越来越差。由于力量对比悬殊，在其他大企业的挤压下不得不退出行业，结果被"挤死"了。多元化与专业化，一个是狼窝，一个是虎口，到底怎么做才能有出路呢？多元化究竟是死路还是出路？这也是我国很多经济学家和企业家多年来争论不休的一个话题。

历史稍长一点的企业，产业结构一直是变动着的，受各种因素影响，有时候扩张，有时候收缩。在谈到创业十年的企业该怎么做的时候，被人奉为"专业化经营成功典范"的联想集团前主席柳传志说："由于竞争关系，企业在制定战略的时候必须不断寻找新的奶酪。如果不提前注意的话，企业会发现突然到了绝路，它没有拐大弯，战略上没有想到提前要动，在没路的地方临时部署就来不及了。"

◇ 专业化与多元化 ◇

　　企业专业化是多元化的基础，多元化是专业化经营发展到一定阶段的合理选择。企业进行多元化发展的同时，在每个领域都要进行专业化发展。

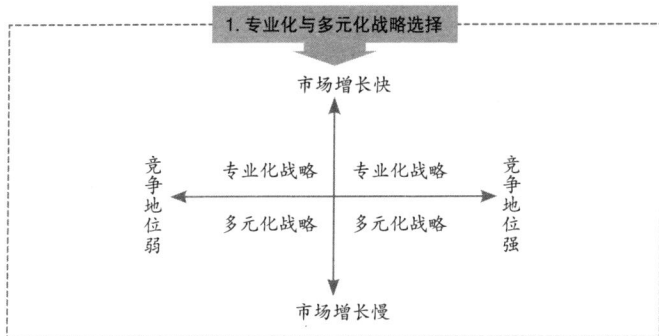

1. 专业化与多元化战略选择

市场增长快

竞争地位弱	专业化战略	专业化战略	竞争地位强
	多元化战略	多元化战略	

市场增长慢

2. 企业多元化的三大条件

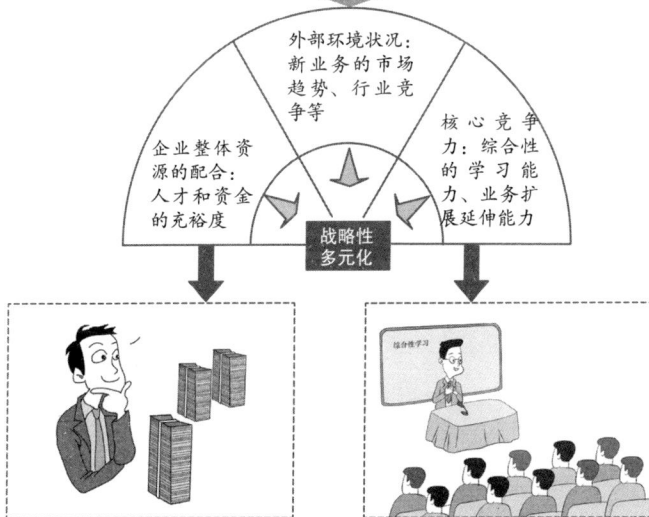

外部环境状况：新业务的市场趋势、行业竞争等

企业整体资源的配合：人才和资金的充裕度

核心竞争力：综合性的学习能力、业务扩展延伸能力

战略性多元化

实用指南

德鲁克认为，多元化、专业化本来并无优劣之分，都是企业因环境变化、追求资本利益最大化的一种产业结构形式，本身就是一个动态的、变化的过程。是否要走多元化道路，关键在于是否能够掌控全局的正常运行。

轻重不均，就会难以平稳

管理精粹

一家企业无论其盈利能力有多强，比例较重的业务永远会消耗更多的企业资源。

——《管理：使命、责任、实务》 德鲁克

精彩阐释

德鲁克认为，一个公司可能过于复杂以至无法管理。轻重不均，企业的发展就难以达到平稳。

因此，企业在发展过程中要始终保持各种资源（社会资源、企业资源或物资资源、意识资源）的均衡配置。

华为公司就是均衡发展的典范。华为20年的成长与发展之路，是建立在动态地实现功与利、经营与管理的均衡基础之上的。通过持续不断地改进、改良与改善，华为不断强化与提升经营管理能力，从而使企业走上了一条良性发展之路。华为的成功，充分说明了均衡管理是企业真正的核心竞争力。

自2001年起，在公司总裁任正非总结的华为"十大管理要点"

中，不管内外部环境如何变化，"坚持均衡发展"始终放在第一条。继续坚持均衡的发展思想，推进各项工作的改革和改良。

通过持之以恒的改进，不断增强组织活力，提高企业的整体竞争力，以及不断提高人均效率，是华为长期坚守的发展观。

均衡发展的思想使华为公司的市场表现始终引人注目。在2007年年底开始的金融危机中，华为不仅一直保持良好的增长势头，而且其国际化步伐一直迈得坚实有力，2008年国际收入已占其销售收入的75%，并且当年国际专利申请数量超越了丰田和飞利浦，名列世界企业第一。

在《商业周刊》杂志评选出的全球十大最具影响力的公司中，华为是中国唯一上榜企业。

在企业发展过程中，管理者要善于牢固地建立与保持某个或几个重要关系或关键部位的平衡，并且使这些基本平衡点具备抗干扰、抗破坏的机制。

如在扩张发展或开辟新的投资领域中，使原有重要生产经营项目获得稳定足够的资本额度、建立规避风险的股份有限公司制度，以及获得不受新项目负面影响的畅通状态，等等，是至关重要的，因为在某一时期内，某个基本平衡点是维系全局稳定的重心。

实用指南

德鲁克说，任何企业都必然有一种规模最适度，超过了这个度，增加的规模不仅不能提高成绩，反而会降低成绩。

均衡发展是企业长寿的秘诀，也是第一位的。只有先保持企业平衡，规模适当，企业才能根基牢稳，走得更远。如果忽视了平衡的重要性，即便是获得一时增长，也会很快轰然倒塌。

规模无所谓大小，合适就好

管理精粹

一个企业的规模不适当，往往是因为没有找到其足以生存与繁荣的适当位置。

——《管理：使命、责任、实务》 德鲁克

精彩阐释

德鲁克认为，一个企业规模不适当，往往是因为没有找到其足以生存与繁荣的恰当位置。不符合实际的规模，有时候于企业而言不亚于一场灾难。

威廉·格兰特算得上美国商业史上的"少年英雄"，他白手起家创立的格兰特公司，从小本经营，发展成为美国屈指可数的大企业。威廉·格兰特生于1876年，19岁时就显示出了其过人的经营才华，当时他掌管波士顿公司的一家鞋店。1906年，格兰特拿出自己的全部资金，在林思市投资1万美元开设了第一家日用品零售店。两年后，他在美国其他城市开设了格兰特连锁店，到20世纪60年代，格兰特的年销售收入近10亿美元，跻身于美国知名大企业行列。

值得一提的是，格兰特公司定价策略的运用，是其成功的重要环节。在零售业竞争十分激烈的情况下，格兰特经过认真研究，将其经营的日用品价格定位在25美分，高于"5美分店"和"10美分店"，但低于普通百货公司的价格，而格兰特公司的陈设格局又比廉价的"5美分店"和"10美分店"档次高。这一价格定位同时吸引了百货公司和廉价商店的顾客。

但是后来的盲目扩张使格兰特公司最终走上了没落之路。格兰特公司不断发展连锁店，到1972年，公司新开办的商店数量就已经是1964年的两倍，但利润并没有随规模的增长而增长。到1973年11月，格兰特公司的利润只有3.7%，该年格兰特全年营业额达18亿美元，但利润只有可怜的8400万美元，创该公司历史新低。让人遗憾的是，它并没有放慢扩张的速度。1974年，格兰特公司的连锁店猛增到82500家，是10年前的1000多倍。与此同时，它的总债务节节攀升，在143家银行的债务达7亿美元，公司信誉急剧下降。1975年10月，格兰特公司不得不申请破产，8万员工丢了饭碗，成为美国历史上第二大破产公司，也是美国零售行业中最大的破产公司。

有效的扩张可以造就一代企业枭雄，没有节制的扩张也可能是一场浩劫的开始。过快的扩张速度，会使企业面临巨大的不确定性。

德鲁克认为，集体成长得越大，则其体积中的大部分距离外界环境则越远，因它更加需要专门而复杂的器官来供应生命的必要物质。复杂性也有一定的限度，如果超过了一定的限度，无论怎么设计，复杂性都不能为结构所支持。对于某一行业或某一市场中的一家企业而言，存在着规模方面的最高限度。如果超过这个限度，无论它管理得多么好，从长期来看，也无法得到很好的发展。比如美国的商业图书出版公司，如果超过了中等规模，间接费用就会快速增长，并产生大量的管理和推销费用。同时销售人员的数量也会大大增加。结果，出版公司只能成为一家勉强维持生存的企业。至于教科书、技术书、百科全书和参考书等工具书的出版公司，则不受这种规模的限制。

同时，德鲁克认为企业也存在着规模方面的最低限度。如果低于这个限度，它就无法生存。比如在目前的技术条件下，要创建一家小型钢铁公司就好像要创建一支小型军队一样，几乎是不可能的；要创建一家小型石油公司，也几乎是不可能的。在这些领域中，如果要使小型企业或中型企业能够生存下去，只有使它们占据特殊的生态利益，才能避免其与该行业中的巨型公司直接竞争。

如何才能发展合适的企业规模让企业得到持续稳健的发展呢？这需要管理者认真从自己的行业特质、企业的实际经营情况、消费者需求及企业所能承受的复杂度来进行全方位的判断。管理者必须对这些问题进行仔细掂量：多小的规模容易在大鱼吃小鱼的竞争中被吞并？多大的规模就是太大了？什么是恰当的规模和不恰当的规模？

实用指南

每家企业都有一个适合自己的规模，盲目追求规模是不可取的，企业管理者要根据企业发展的实际情况来决定规模的大小，以此应对激烈的市场竞争。

◇ 规模经济与规模不经济 ◇

1. 规模经济

规模经济是指通过扩大生产规模而引起经济效益增加的现象。规模经济一般界定为初始阶段，厂商由于扩大生产规模而使经济规模、经济效益得到提高，这叫规模经济。

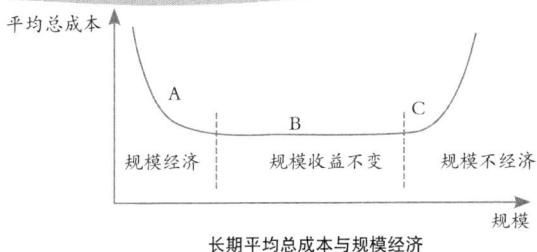

平均总成本

A　　　　B　　　　C

规模经济　　　规模收益不变　　　规模不经济

规模

长期平均总成本与规模经济

2. 规模不经济

规模不经济指的是企业生产规模的扩大不能带来产品单位成本下降的非经济性。任何企业只要规模超过一定范围，就会出现规模不经济。

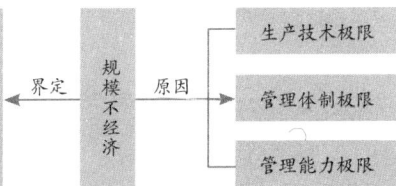

界定 ← 规模不经济 → 原因

生产技术极限

管理体制极限

管理能力极限

成本

¥

业务模块越少越容易出成果

管理精粹

> 企业的业务模块越少，越容易管理。简单就容易
> 清晰，每个人都能清楚地了解自己的工作，也能清楚
> 地看出自己的绩效与企业整体成果的关系。这样就利
> 于集中资源获得成果。
>
> ——《管理：使命、责任、实务》 德鲁克

精彩阐释

业务模块越少就意味着企业发展领域越集中。随着经济进一步发展，企业的目标从对规模扩张的片面追求，开始转向对核心竞争力的培养。潜心地研究一下那些在低迷的经济形势下脱颖而出的企业，是什么令它们在竞争激烈的情况下依然保持着明显的优势？答案正是这个关键词——专注。

很多事实证明，许多企业的成功得益于专注。软件公司BEA就是一个典型。BEA是全球领先的应用基础结构软件公司，在全球拥有15000多家用户，其中包括《财富》全球500强中的大部分公司。它创造过一个令人惊讶的奇迹——连续23个季度保持高速增长，并在短短的6年时间内，销售额突破10亿美元大关，成为有史以来达到这一目标用时最短的软件公司。

取得如此不俗的成绩，关键在于BEA的专注。自成立以来，BEA始终将公司的发展领域圈定在连接企业硬件平台和应用软件的基础软件部分，并专注于这一市场的发展。当很多竞争对手向其他方向发展的时候，BEA不曾动摇，始终在这一领域内更专注地发展，并最终在这一领域获得了无可匹敌的竞争优势。

单独狩猎的豹子成功率堪比结群出动的狮子；一个成功的王牌狙击手百步穿杨，弹无虚发；千里之外的鸽子放飞后也能准确地回到故乡……孙子说："故形人而我无形，则我专而敌分。"每一场战争都要集中兵力对待，这种作战思想同样适用于商界。

实用指南

三心二意的企业不可能获得非凡成就，一个优秀的管理者必须对自己企业的未来有一个规划蓝图，这个蓝图就是目标。在追逐目标的过程中，尽管资源、技能、经验、机遇等各种因素很重要，但专注于目标的态度更重要。

拥有完善的管理才能存活

管理精粹

除非新事业能够获得完善的管理，否则不论它的概念多么出色、资金多么雄厚、产品质量多么出色，甚至市场需求多么大，它都无法存活。

——《创新与企业家精神》　德鲁克

精彩阐释

德鲁克说，19 世纪最伟大的发明家爱迪生曾梦想成为一个企业家。他拥有众多发明，本应该成功。

当他的企业发展到中等规模时，他却拒绝成立管理小组，最终企业因为不能获得完善的管理而倒闭。由此可见，完善的管理对一个新企业的成长和发展是多么重要。

很久以前有五个和尚住在一起，他们每天都分食一大桶米汤。但是因为贫穷，他们每天的米汤都不够喝。一开始，五个人抓阄来决定谁分米汤，每天都是这样轮流。于是每星期，他们每个人都只有在自己分米汤的那天才能吃饱。

后来经常研究，他们推选出了一位德高望重的人出来分。然而好日子没过几天，在强权下，腐败产生了，其余四个人都想办法去讨好和贿赂分汤的人，最后几个人不仅还是饥一顿饱一顿，而且关系也变得很差。然后大家决定改变方法，每天都要监督分汤者，一定要把汤分得公平合理。这样纠缠下来，所有的汤喝到嘴里全是凉的。

因为都是聪明人，最后大家想出来一个方法：轮流分汤。不过分汤的人一定要等其他人都挑完后，喝剩下的最后一碗。这个方法非常好，为了不让自己吃到最少的，每人都尽量分得均匀。在这个好方法执行后，大家变得快快乐乐、和和气气，日子也越过越好。

实施制度管理是企业管理高效的一个重要方法。同样的五个人，不同的分配机制，就会产生不同的效果。如何制定一个完善的管理机制，是每个领导需要考虑的问题。完善的管理机制就是竞争力。

制度管理是以制度规范为基本手段协调组织协作行为的管理方式——一个制度完善的组织往往能够高效运营，但制度管理绝不是管理的全部。

实用指南

德鲁克认为，企业家在新事业中有四大要求：关注市场、前瞻性的财务规划、成立管理团队、自我定位清晰。只有这样，新事业才能获得完善的管理。

新事业要以市场需求为导向

管理精粹

> 如果新事业不能以市场为重心，不能以市场为导向，那它只是在为对手培育机会。
>
> ——《创新与企业家精神》　德鲁克

精彩阐释

德鲁克说，运营新事业的人需要全面考察市场，并建立起一套系统的工作制度，以此来确保产品或服务始终与市场的需求相匹配。企业的产品不是由企业决定的，而是由顾客的需求所决定的。

1988年，台湾顶新集团开始在大陆投资，但由于缺乏对大陆市场的了解，投资的几个项目均以失败告终。就在顶新集团董事长魏应行意欲退回台湾时，事情发生了转机。

一次，魏应行外出办事，因为不习惯火车上的盒饭，便带上了从台湾捎来的方便面。没想到，这些在台湾非常普通的方便面

◇ 基于顾客需求的企业定位 ◇

企业定位是指企业通过其产品及其品牌，基于顾客的需求，将其企业独特的个性、文化和良好形象，塑造于消费者心目中，并占据一定的位置。

企业定位的"四维"分析模型

所谓定位，就是让你的品牌在顾客大脑中占据一个有价值的位置。如果在顾客心中没有一个稳固的位置，名字这个锚就钩不住东西，就会出现"走锚"现象。船舶走锚，在水上乱漂是非常危险的。

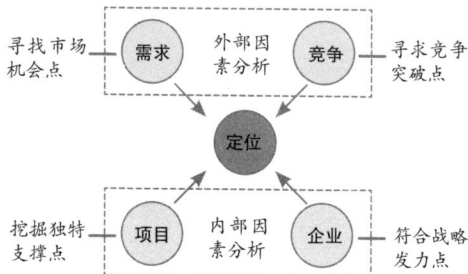

寻找市场机会点 — 需求 —外部因素分析— 竞争 — 寻求竞争突破点

定位

挖掘独特支撑点 — 项目 —内部因素分析— 企业 — 符合战略发力点

企业定位三问

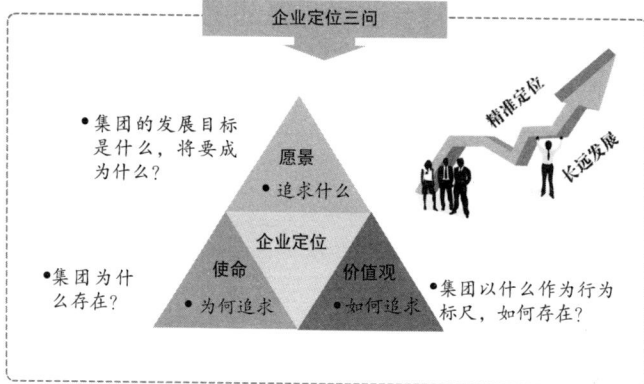

• 集团的发展目标是什么，将要成为什么？

愿景
• 追求什么

精准定位

长远发展

企业定位

• 集团为什么存在？

使命
• 为何追求

价值观
• 如何追求

• 集团以什么作为行为标尺，如何存在？

引起了同车旅客极大的兴趣，魏应行马上将面分给了他们。他们吃着热腾腾的面，直夸好吃，又方便又实惠。看到此情景，魏应行似乎有了某方面的灵感，他心里琢磨着：我怎么没有想到这个好项目呢?

　　这时魏应行又自责又庆幸,一方面他自责自己没有对大陆市场进行彻底的调研,没有抓准大陆市场的真正缺口和需要,只是一味地从自己的想法出发,最终把精力和物力白白浪费在一些无关紧要的投资项目上。另一方面,他庆幸自己因多关注了一些细节性的问题,最终找到了在大陆开拓市场的希望,那就是在大陆投资方便面。

　　有了这个想法,魏应行立即付诸行动。他派人对整个大陆市场做了细致的调查,从各个地区的人口到他们的饮食习惯,再到他们的饮食规律。在品牌打造上,他也下了很大一番功夫,将产品定名为"康师傅"。因为"康"让人联想到"健康、安康、小康","师傅"让人联想到手艺精湛的专业人士,"康师傅"的形象是一个笑呵呵、很有福相的胖厨师,这些都十分符合大陆消费者的心理取向,特别具有感召力。

　　功夫不负有心人,经过多年的发展,康师傅如今已经成为中国方便面市场上的领导品牌。顶新集团凭借康师傅方面运作的成功而获得丰厚的经济回报。

　　由此可见,经营新事业,企业家不仅需要有过人的商业敏感度,还要对市场进行充分调研,用一双慧眼和一颗智慧的头脑,挖掘"柳暗花明"处的机遇。

实用指南

　　德鲁克认为,在产品或服务的价值认定方面,最权威的专家不是企业家本人,而是顾客。企业如果想进军一个新的行业、领域或在一个全新的地理区域安营扎寨,如果缺乏对市场的考察,无异于蒙着眼睛奔跑，难免跌得头破血流。

创业者要善于听取内行人的意见

管理精粹

> 创业者对新事业的需要以及对自身优势的评估，都需要认真听取旁观者的意见。
>
> ——《创新与企业家精神》 德鲁克

精彩阐释

管理者自大的主要表现是不尊重内行的人，自己在决策之前不能兼听则明。刘邦曾专门总结过自己的成功经验："夫运筹帷幄之中，决胜千里之外，吾不如子房；镇国家，抚百姓，给馈饷，不绝粮道，吾不如萧何；连百万之众，战必胜，攻必取，吾不如韩信。三者皆人杰，吾能用之，此吾所以取天下也。"

帕玛拉特的艾伯特和艾伦都是自大的人。帕玛拉特是典型的意大利家族式企业，在全球30个国家开展业务，共拥有3.6万余名雇员，年收入超过75亿欧元，并一度被视为意大利北部成功企业的代表。

1995年帕玛拉特进入天津市场，因经营管理方面的问题，经营状况一直不佳。1998年10月成立的帕玛拉特天津乳品公司上海分公司，在不到五年的时间里就换了五位总经理。一位帕玛拉特中国公司的前市场部高级管理人员说："这有点像种水稻，刚抽穗就要把它割下来，可能吗？折腾来折腾去，到头来什么都没有。"

◇ 领导者要善于运用团队的力量 ◇

个人的力量总是有限的，所以团队的生存与发展，不能只靠领导一个人，而是应该善于听取团队内专业人士的意见，尊重他们的思想。这样才能让新事业持续健康地发展。

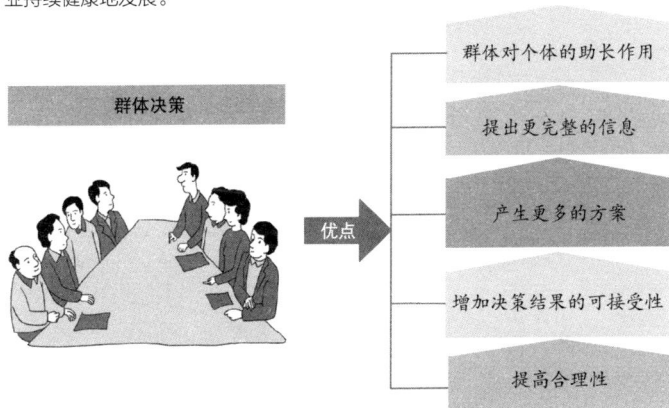

群体决策

优点

- 群体对个体的助长作用
- 提出更完整的信息
- 产生更多的方案
- 增加决策结果的可接受性
- 提高合理性

在群体决策中，为了保证群体决策的创造性，提高决策质量，管理上发展了一系列改善群体决策的方法，头脑风暴法是较为典型的一个。

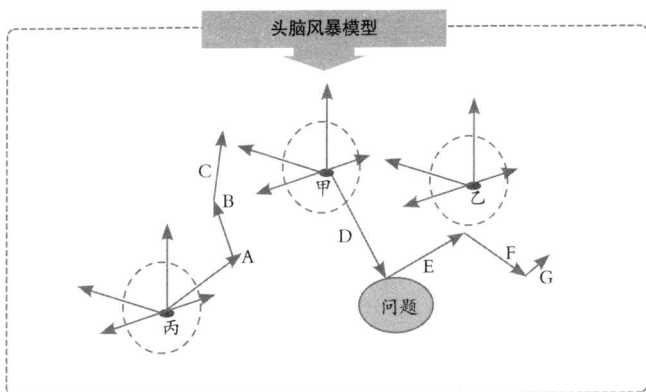

头脑风暴模型

甲　乙　丙

A　B　C　D　E　F　G

问题

2001年10月，帕玛拉特与南京方面合资组建公司，总投资高达1500万美元。但不到一年时间，因其管理团队不熟悉中国的市场营销，没有本土化的推广经验及准确的市场定位策略，不得不宣布退出南京，该合资公司由南京奶业集团全面接管。

仅举一例，就能看出帕玛拉特高层的自大心态。帕玛拉特中国公司总经理颜绍瑾在生产、财务、销售部门都有工作背景，很尊重员工，很有个人魅力。他曾经向亚太区总裁争取增加在中国的市场投入，而帕玛拉特亚太区总裁艾伯特是个特别喜欢控制市场投入费用的人，由于观念不符，艾伯特就让颜绍瑾"提前出局"。而艾伦和艾伯特一样，在市场宣传支出方面很吝啬，艾伯特因此获得高升。由于他不懂营销，并且独断专行，最终亲自导致了帕玛拉特在南京乳品市场的溃败。

最终，帕玛拉特在中国市场的投资不但颗粒无收，而且血本无归。

阿里巴巴的创始人马云说，他不懂电脑技术，他只会收电子邮件跟上网浏览。他认为，外行可以领导内行，重点是要尊重内行——这和刘邦的领导艺术是一样的。

实用指南

德鲁克认为，只有尊重和听取内行人的意见，新事业的发展才不会盲目，才能使新事业真正立足在对自身资源客观评估的基础之上，有把握地去做。

新事业起步不能贪大

管理精粹

> 新事业就是小孩子。当你带着一个 6 岁的孩童登
> 山时，你不可能让他背负 40 斤的东西。
>
> ——《下一个社会的管理》 德鲁克

精彩阐释

贪大是创业者常见的症状之一。贪大有两个含义：一是贪规模，也就是说，尽管是在起步阶段，也尽可能地将摊子铺大；二是贪大利。在很多创业者眼里，小利润从来都看不上眼，认为只有捕捉到鲸鱼才算是真正出海了。殊不知，以新创企业的规模，这种想法可能会导致企业的毁灭。

阿里巴巴和淘宝网是中国最成功的电子商务网站。探究它们成功的秘诀，就在于创始人着眼于小利来设计企业的发展战略：抓住小利，而不是将企业的未来押在大利上。在一次名人访谈节目中，时任博鳌亚洲论坛秘书长的龙永图问了马云一个问题："你（阿里巴巴）现在的供应商当中有多少是中小企业？"

马云的回答令龙永图有些吃惊："我们现在整个阿里巴巴的企业电子商务有 1800 万家企业会员支持，几乎全是中小企业，当然沃尔玛、家乐福、海尔甚至通用电气都在我们这儿采购，但是我

对这些企业一点兴趣都没有。"龙永图笑着说："难怪人家说你是狂人，口出狂言。"在场的人显然都不太相信马云的话，怎么可能会有对大客户不感兴趣的企业呢？

马云不慌不忙地解释道："我只对我关心的人感兴趣。我只对中小型企业感兴趣，我就盯上中小型企业，顺便淘进来几个大企业，它们不是我要的。我相信是虾米驱动鲨鱼，大企业一定会被中小型企业所驱动。所以那时候我就想企业在工业时代是凭规模、资本来取胜，而信息时代一定是靠灵活快速的反应来取胜。我唯一希望的就是用IT、用互联网、用电子商务去武装中小型企业，使它们迅速强大起来。"

马云要做的事就是提供这样一个平台，将全球的中小企业的进出口信息汇集起来。"小小企业好比沙滩上的一颗颗石子，通过互联网可以把一颗颗石子全粘起来，用混凝土粘起来的石子们威力无穷，可以与大石头抗衡。而互联网经济的特色正是以小博大、以快打慢。""我要做数不清的中小企业的解救者。"另外，马云还考虑到，因为亚洲是最大的出口基地，所以阿里巴巴以出口为目标。帮助全国中小企业出口是阿里巴巴的方向，他相信中小企业的电子商务更有希望、更好做。

由此可见，小利照样能够赢得巨额利润。积跬步，可以至千里；不拒小流，可以成江海。

实用指南

德鲁克认为，在创办新事业的过程中，"一夜暴富""一口吃成胖子"的梦想往往难以实现。利润的薄厚不是关键，关键在于企业能否长久盈利。因此，新事业要轻装上阵，从小利开始做起，莫要因追求厚利压垮了自己。